Marechal Ewerton Quadros

Primeiro Presidente da Federação Espírita Brasileira

Co-edição:

CCDPE
CENTRO DE CULTURA, DOCUMENTAÇÃO E PESQUISA DO ESPIRITISMO

EDITORA EME

Edição e distribuição:

CCDPE
CENTRO DE CULTURA, DOCUMENTAÇÃO E PESQUISA DO ESPIRITISMO

EDITORA EME

Editora EME
Caixa Postal 1820 - CEP 13360-000 - Capivari-SP
Fone/Fax: (19) 3491-7000
E-mail: atendimento@editoraeme.com.br
Site: www.editoraeme.com.br

Eduardo Carvalho Monteiro

Marechal Ewerton Quadros

Primeiro Presidente da Federação Espírita Brasileira

Capivari-SP
2006

Primeiro Presidente da Federação Espírita Brasileira
Marechal Ewerton Quadros

1ª edição abril/2006 - 1.000 exemplares

Diagramação:
Editora EME

Revisão:
Leonardo Carvalho Monteiro
Mariana M. Santos
Jorge Damas Martins

Ficha Catalográfica

Monteiro, Eduardo Carvalho
Marechal Ewerton Quadros / Eduardo Carvalho Monteiro, 1ª edição, abril/2006 .
192p.
1 – Biografia de Ewerton Quadros
2 – Vida e pensamento de Ewerton Quadros
CDD 133.9

Sumário

Apresentação 9

I - Traços Biográficos de Ewerton Quadros **11**
1) Carreira militar; 2) Conversão ao Espiritismo; 3) Grupo Espírita "Fraternidade"; 4) Grupo Espírita "Humildade e Fraternidade"; 5) Fundação da FEB; 6) Esboço histórico da Federação Espírita Brasileira - a) Gênese - programa; b) Domicílio - vicissitudes; c) Filiação ideológica; d) Ampliação do programa; e) Desenvolvimento atual; 7) A evolução da carreira militar.

II - Fatos e Reminiscências Espíritas **53**
Desenvolvendo a mediunidade (Reformador, junho de 1886); Um caso de clarividência e outro de psicografia (Reformador, julho de 1886); Influência dos Espíritos (Reformador, outubro de 1886); O equívoco do Espírito (Reformador, dezembro de 1886); Tramas do destino (Reformador, dezembro de 1886); Um conselho (Reformador, dezembro de 1887); Manifestações de um encarnado (Reformador, fevereiro de 1888); Conto sem pretensão (Reformador, fevereiro de 1888); Fenômenos de vidência (Reformador, junho de 1888); Reencarnação (Reformador, setembro de 1888); Coisas da mediunidade (Reformador, setembro de 1888); Relatos de Suetônio (Reformador,

outubro de 1888); Fenômenos notáveis de vidência e audição (Reformador, janeiro de 1889); Um caso com Luiz Gama (Reformador, outubro de 1891); Reminiscências (Reformador, junho de 1893); Uma visita a Urano (Reformador, setembro de 1893); O filho pródigo (Reformador, maio de 1895); Carlos Gomes - saudação de além-túmulo (Reformador, novembro de 1896); Benefícios da vidência (Verdade e Luz, setembro de 1901); A vidência no copo d'água (Verdade e Luz, fevereiro de 1909); Estranhas intuições de sentimentos maus (Verdade e Luz, abril de 1909); Mais reminiscências (Verdade e Luz, dezembro de 1909).

III - O Poeta 103

Comunicação d'além túmulo (Espírito J. L. Medeiros Jr. - Reformador, setembro de 1883); Canto (sem data); O Redivivo (Revista da Sociedade Acadêmica "Deus, Cristo e Caridade", fevereiro de 1882); Ode ao Senhor (Reformador, outubro de 1883); O despertar da Humanidade (Reformador, março de 1883); Mensagem a uma irmã (Reformador, maio de 1883); Se eu tivesse morrido (Poesia medianímica - Reformador, novembro de 1883); Surrexit - Aleluia (Reformador, abril de 1884); Ao trabalhador do bem (Reformador, maio de 1887); A Jesus (Reformador, março de 1891).

IV - O Jornalista (Artigos, Contos e Crônicas) 118

O magnetismo na criação (Revista da Sociedade Acadêmica "Deus, Cristo e Caridade", fevereiro de 1881); Seção eclética - O Espiritismo (Reformador, abril de 1883); As ordens religiosas (Reformador, fevereiro de 1884); O Espiritismo (Reformador, setembro de 1885); Lamberta do Nascimento (Reformador, março de 1886); A turbação dos Espíritos errantes depois de sua separação do corpo (Reformador, maio de 1886); Uma viagem a outro mundo - Conto espirítico (Reformador, dezembro de 1888); O Espiritismo (Revista Espírita do Brasil, agosto de 1897); A obsessão (Revista Espírita do Brasil, setembro de 1897); A excomunhão (Reformador, março de 1898); A voz da razão (Reformador, janeiro de 1900); Nota curiosa (Reformador, maio de 1900); A ressurreição de Cristo (Reformador, junho de 1900); Os adversários da teoria de reencarnação (Reformador, junho de 1900); A evolução do trabalho (Reformador, julho de 1900); As penas eternas (Reformador, setembro de 1900); Contra a China (Reformador, novembro de 1900); Deus e Jesus (Verdade e Luz, fevereiro de 1900).

V - O Conferencista..171
Discurso em 31 de março de 1883 (Reformador, abril de 1883).

VI - O Escritor..175

VII - Fé de Ofício do Marechal Ewerton Quadros.....177

Bibliografia e Fontes..185

Obras do Autor..187

Apresentação

Desde tempos imemoriais, no silêncio e solidão da noite, os olhares absortos dos homens estendem-se ao azul infinito dos céus e embriagam-se com a dança das nebulosas e os encantos dos milhares de sóis, estrelas e planetas que lhes despertam as mais insondáveis dúvidas. Que mundos se desdobram por trás dos distantes astros? Encontraremos neles luz, gravitação, frio, calor, ar, água, dias e noites? Que seres habitam o Universo? As dúvidas são muitas, mas uma certeza não abala a convicção dos crentes na Perfeição Divina: as leis que regem os gigantes do espaço são as mesmas presentes no mais pequenino dos seres. A Natureza está em geração perpétua e uma poderosa unidade movimenta todas as formas de vida.

A biografia de Ewerton Quadros irá mostrar um homem perquiridor desses mistérios insondáveis do Universo que a família espírita atual desconhecia. Se o título de marechal que ele conquistou com uma carreira militar brilhante lhe adorna o nome de batismo e lhe concede uma aura de homem quase inatingível, o Ewerton que vamos conhecer nas próximas páginas é outro homem. É um homem-emoção de alma sensível e que perseguiu sua vida toda a solução para os mistérios da Natureza e da alma humana.

Presidente Honorário da Federação Espírita Brasileira,

seu galardão maior foi a humildade com que colocou sua vasta cultura e erudição a serviço do Espiritismo.

Não pudemos deixar de nos impressionar, ao escrevermos esta obra, com a aparente contradição de um homem de armas, participante de sangrentas batalhas da guerra do Paraguai, estar em permanente contato com as entidades espirituais que lhe surgiam nos mais insólitos momentos, conforme ele mesmo narra, ou do sonhador das estrelas em meio a inóspitas condições de sobrevivência dos sertões do Brasil do século XIX. A solidão das selvas inspirava-lhe poemas e reflexões sobre a grandiosidade da obra divina.

Como um grande pioneiro na implantação do Espiritismo no Brasil, Ewerton Quadros destacou-se na organização inicial do movimento e principalmente na divulgação da Doutrina.

Para compor este livro, fomos buscar mais dados da biografia de Ewerton Quadros na sua Fé de Ofício militar e pesquisamos exaustivamente em toda a coleção da Revista *Reformador* do século XIX e início do século XX, bem como outros periódicos espíritas em que ele registrou sua prolífica produção de artigos, poesias, contos, crônicas e estudos científicos. Selecionamos uma parte desse material e o reproduzimos aqui para que o público espírita possa conhecer o pensamento e obra de um dos principais médiuns e pioneiros do Espiritismo no Brasil. Ficaram fora desta seleção os artigos científicos de Quadros, visto muitos deles já se encontrarem desatualizados.

Não podemos deixar de registrar aqui a colaboração que recebemos de alguns confrades que nos auxiliaram na pesquisa, digitação e revisão dos originais desta obra: historiador Luciano Klein Filho, paleógrafo e professor André Frota de Oliveira, Amber Mara Capriles, professoras Julia Adalgiza Curi Abaid e Emilia dos Santos Coutinho, aos quais seremos eternamente gratos.

Eduardo Carvalho Monteiro

Traços Biográficos de Ewerton Quadros

O *Reformador* de fevereiro de 1883 publicou breve artigo descrevendo a conversão de Ewerton Quadros ao Espiritismo nos seguintes dizeres:

"Dr. Francisco Raymundo Ewerton Quadros, nasceu no Maranhão em 17 de outubro de 1841, bacharel em Ciências Matemáticas e major do Estado Maior da Artilharia do Exército Brasileiro.

Ewerton Quadros

Em 1872, tendo, portanto, 31 anos, foi convidado por um amigo militar a ler as obras fundamentais do Espiritismo e anuiu a seu convite. Sobre a teoria espírita não tinha opinião formada nem a favor nem contra.

Depois de ter estudado, reconheceu que essa teoria explicava os fatos que consigo tinham-se dado na infância.

Em março de 1873, fez experiências mediúnicas psicográficas e obteve algum resultado; e, em pouco tempo, começou a produzir trabalhos desenvolvidos.

Para experimentar sua faculdade e saber que esse trabalho não era o resultado de seu próprio espírito, obteve, uma vez, a manifestação de um espírito, evocado por um seu amigo: respondendo ao mesmo tempo a pergunta montada desse amigo sobre história.

Dessa data em diante manifestou sempre ostensivamente a sua adesão ao Espiritismo, não só nas reuniões pela palavra, como também por escritos nos diversos trabalhos que tem feito publicar".

Conforme informado na notícia acima, Quadros reencarna em São Luís, Maranhão, em 1841, quase na metade do século XIX. Foi uma época de importante transição para o Brasil e para o mundo. Neste século, acontece a consolidação do capitalismo, a ligação entre ciência e indústria, a formação da classe operária e o surgimento das primeiras doutrinas socialistas. No Brasil, houve a criação do Estado Nacional, a abolição da escravatura e os conflitos externos com as Repúblicas hispano-americanas: Uruguai, Argentina e Paraguai. Mesmo depois da Independência, a herança da política colonial portuguesa na Bacia do Prata levou o Brasil a empenhar-se nas questões de fronteiras e interesses geopolíticos, daí seu envolvimento em conflitos continentais. Como militar de carreira, todos esses acontecimentos tiveram grande importância na vida de Francisco Raymundo Ewerton Quadros.

O Espiritismo, desde sua conversão, ao lado da carreira militar, seriam os grandes objetivos de sua existência. Seu pioneirismo na prática da nova Doutrina, aliado à sua dedicação, transformaram-no num dos principais vultos do Espiritismo no século XIX, escritor consagrado e conferencista requisitado para os eventos principais do movimento espírita.

Uma terceira paixão, se assim podemos chamar, de Ewerton Quadros, foi a astronomia. Por força de suas atividades militares, o marechal empenhou-se em muitas longas estadas pelos sertões do Brasil, seja em meio às construções de estradas e pontes, seja em campanhas militares. Em noites de céu estrelado, seus olhos costumavam viajar até sóis distantes e poeiras de estrelas indagando a elas suas origens, suas formações, seus destinos. Em momentos de êxtase, sua alma se transportava para o infinito e se imaginava fazendo parte das danças dos Astros. Nesses momentos, o Universo cabia em suas mãos e o marechal Quadros desligava-se das duras obrigações da vida militar para transformar-se no poeta sonhador e inspirado capaz de circunscrever num poema toda a grandeza do mar infinito das estrelas. A crueza das guerras nunca conseguiu tirar a ternura daquele coração de homem sensível que, mesmo sob o ribombar dos canhões, era capaz de dialogar com os espíritos sobre os problemas do Destino Humano. Sim, através de sua prolífica pena pelas páginas do Reformador, podemos acompanhar as aparições espirituais que se davam em suas jornadas militares.

Conjugado a seus estudos do escrínio celeste, espíritos ligados à astronomia o visitavam freqüentemente e misturavam a esses estudos inspirações que contribuíam com o avanço de suas conclusões. Inúmeras vezes ele relata, em seus artigos da Revista, cálculos acertados que os Espíritos lhe transmitiam sobre distâncias e formações estelares. E não raras vezes, ali mesmo, na solidão das matas virgens, surgiram belos poemas, prodigalizando a beleza da vida e da perfeição divina. E tudo isso dentro da rudeza de uma vida militar das mais ativas! Sublime paradoxo de vida!

1 - Carreira Militar

Quadros, conforme registra sua Fé de Ofício, em 1860, assentou praça voluntariamente e jurou bandeira no Batalhão de Engenheiros a 2 de março, com destino ao primeiro regimento de artilharia a cavalo, ficando adido àquele Batalhão para estudar, visando o curso preparatório na Escola de Humanidades e Educação.

Formado em Humanidades no Maranhão, estabelece-se no Rio de Janeiro em 1864 para cursar a Escola Militar e é lotado no Batalhão de Engenheiros, época esta em que a monarquia começa a enfrentar forte oposição com a propaganda republicana e os debates em torno da abolição da escravatura.

Por decreto de 29 de julho, é nomeado alferes-aluno e expediciona para o Sul, fora do Império, a 26 de dezembro, tendo sido destacado como adido ao 1º Batalhão a Pé que fez a campanha do Estado Oriental do Uruguai.

Em 1865, por decreto de 16 de janeiro, é promovido a segundo-tenente quando ainda estava em operações no Rio da Prata. Neste ano ainda, contrai varíola, mas prossegue na campanha que se dirige ao Paraguai.

Por ordem superior, Quadros segue em diligência em janeiro de 1866 para a cidade de Corrientes, tendo recebido elogios em seu currículo "*pela dedicação e zelo com que se prestou coadjuvar o Comandante no árduo serviço de campanha*".

Por decreto de 22 de janeiro, é promovido a primeiro-tenente para a arma e classificado no 2º Batalhão de Artilharia. No Paraná, atua no bombardeio a fortificações do Paraguai, além de ter participado de sangrentas batalhas, conforme registra sua Fé de Ofício.

Tendo integrado as forças nacionais na famosa Batalha do Tuiuty, é elogiado nas Ordens Regimentais correspondentes e, em 17 de agosto de 1866, é conferido ao primeiro-tenente Ewerton Quadros o grau de Cavaleiro da Ordem do Cristo "*pelos serviços prestados nos combates de maio*" daquele ano.

Até o fim de 1866, esteve na linha de frente dos combates e, em 10 de janeiro, assume o comando do 10º Batalhão, responsável, inclusive, por uma divisão de canhões Withworth. É promovido ao posto de capitão em 1º de junho e, em 3 de novembro, toma parte no combate em que as forças paraguaias assaltaram as posições brasileiras em Tuiuty, tendo sido louvado em ordem regimental pela "*energia com que repeliu e metralhou o inimigo*". A importância dessa guerra pode se medir pelas despesas do orçamento nacional aplicadas com as pastas militares: 58%. À medida que a guerra se prolongava, vai diminuindo a participação efetiva do Uruguai e Argentina e crescendo paulatinamente a do Brasil.

Nos anos de 1868 e 1869, Quadros permanece em combate na linha de frente, participando de várias batalhas. Marcha com a expedição de Aguapehy em junho de 1860 e toma parte no combate em Pare-cuê, sendo elogiado na Ordem do Dia *"pelo valor e sangue-frio com que se portou no dito combate"*.

Em 6 de julho de 1870, obtém 2 meses de licença para se recolher à Corte para tratamento de saúde, renovando-a por mais três meses para recuperação no Maranhão. Naquele Estado, apresenta-se no batalhão local e sua atuação lhe vale elogios na Ordem regimental *"pelos serviços que prestou com zelo, inteligência e sisudez que o caracteriza"*.

Da Província do Pará vai para o Amazonas em 1871, também sendo louvado *"pela coadjuvação que prestou ao Comando do Batalhão e zelo com que se houve no serviço, sobressaindo-se suas nobres qualidades que o distinguem como militar disciplinado e sereno, cumpridor de seus deveres e homem de apurada e fina educação"*. Posteriormente, é nomeado para o Comando do Destacamento da Ponte Militar de Santo Antonio do Rio Madeira, mas exonera-se de sua função a pedido por motivos de saúde.

A varíola e outras doenças tropicais, e os anos duros nos campos de batalha, levavam o capitão Quadros a enfraquecer sua resistência física, mas o aprimoramento do caráter e a excelência de suas qualidades de militar sustentavam uma carreira brilhante e ascensional do ainda jovem (32 anos) militar.

Essas circunstâncias eram providenciais porque, àquele homem de caserna e defensor da Pátria, estavam reservados outros rumos e outra missão. Em 1873 ele é transferido novamente para a Corte onde o esperavam novas responsabilidades como militar e homem espiritualizado que era. A guerra sangrenta de que participara, ao invés de deixar-lhe com o coração empedernido, dulcificou-lhe os sentimentos. Fez aflorar a faceta de um homem amoroso e lírico poeta, que sabia transpor para os versos de um poema os sentimentos mais dignificantes que lhe enchiam a alma de amor ao seu próximo. Estranha contradição!

O soldado "sisudo" e hábil no manejo de potentes canhões, o estrategista militar implacável, escondia dentro de si uma alma transbordante dos mais puros enlevos rumo à fraternidade universal!

2 - Conversão ao Espiritismo

No ano de 1872, conforme já relatamos, Ewerton Quadros adere ao Espiritismo e realiza suas primeiras experiências com a psicografia, vidência e audiência. Precavido em sua iniciação, ele mesmo faz questão de testar sua própria mediunidade para não confundi-la com o animismo, conforme relataria mais tarde. Os resultados são surpreendentes e ele adquire a confiança necessária ao desempenho de sua missão mediúnica e confirma a veracidade dos fenômenos de que era protagonizador desde a infância. Neste ano, Quadros encontra-se na Corte, onde tem oportunidade de prosseguir nos estudos e formar-se em Ciências Físicas e Matemáticas.

Alguns anos depois de sua conversão ao Espiritismo, Ewerton Quadros revelaria nas páginas do *Reformador* alguns episódios de sua mediunidade. "*No ano de 1875*", relata ele, "*estava eu trabalhando para desenvolver minha mediunidade psicográfica, quando vi diante de mim a figura bem distinta de um frade ainda moço e de fisionomia simpática e muito atraente; tal que em mim, que ainda principiante, não despertou o menor receio*".

'Nunca te confessaste', disse-me ele, 'pois bem, escuta-me'. Pausadamente este homem repetiu-me toda a minha vida desde a idade de quatro anos; e à medida que ele falava, os fatos me vinham a memória com uma clareza admirável; fatos que nunca mais eu havia me recordado. Estava perplexo diante dessa testemunha não só dos atos todos da minha vida, como ainda dos sentimentos que os tinham

ditado; quando ele acrescentou: `Já sabes agora o que fizestes de mau, evita a continuação no mau caminho; Deus te perdôa, não peques mais´".

Esforçado, apesar da vida cigana que levava servindo às armas nacionais e defendendo a Pátria numa época de grande beligerância na América do Sul, torna-se um erudito escritor, além de vate festejado pela intelectualidade de então, tendo legado inúmeras obras de peso à bibliografia nacional.

No ano de 1874, é nomeado ajudante da Comissão de Engenharia Militar que, sob a direção do tenente-coronel Conrado Jacob de Niemeyer, segue para a província do Rio Grande do Sul, lá permanecendo até 1888. Porém, de 1884 a 1888 ficou alocado no Rio de Janeiro. Depois foi transferido para Cuiabá.

Em 1881, insólito caso mediúnico aconteceu com o major Quadros. Aplicado estudioso de Astronomia e ciências afins, ele estava preparado para observar um famoso cometa que passaria próximo à Terra naquele ano, mas as manhãs eram tão frias que sempre se via obrigado a adiar a prestação de sua homenagem a tão formoso astro.

Uma manhã, porém, acordou em sobressalto, parecendo-lhe que alguém pretendia forçar a porta que dava para o seu quintal. Mesmo desperto, ele sentia que empurravam a porta. Então ouviu um Espírito que lhe disse: "*É um ladrão. Vai até lá*". Armou-se e assim o fez, mas nada encontrou de suspeito. Então surge-lhe o mesmo Espírito dizendo: "*Agora que te levantaste, vai ver o cometa*". E, realmente, se o invisível não tivesse recorrido a esse expediente, o major teria perdido a ocasião de contemplar aquela maravilha.

Desde 1881, Ewerton Quadros ocupava o posto de major graduado e era portador do grau de Cavaleiro da Ordem da Rosa, da Ordem do Cristo, e da Medalha Geral da Campanha do Paraguai com o passador de prata nº 5. Seu comandante fez apontar em sua folha de serviços: "*Não podia deixar de agradecer-lhe a eficaz coadjuvação que me prestou, aplicando-se com sua reconhecida inteligência, inexcedível zelo e lealdade a toda prova, o desempenho do lugar de secretário do Comando Geral, que tão dignamente exerceu, pelo que é digno dos maiores elogios".*

Mesmo fazendo sua carreira militar quase sempre em meio a conflitos e incursões militares perigosas, sua mediunidade permanecia atuante. Certa feita, à noite, achando-se ele lendo *O Evangelho Segundo o Espiritismo*, ouviu uma forte pancada sobre o teto da sala e, erguendo os olhos instintivamente, viu no centro da mesma um homem de figura colossal*, de cerca de 12 palmos de altura, com os braços cruzados e olhando-o fixamente.

Perguntou-lhe se queria alguma coisa: nenhuma resposta. Perguntou-lhe se desejava que orasse por ele, o vulto abaixou a cabeça e foi recuando pelo corredor, até junto da porta que se achava fechada, e aí saiu pela fresta estreita que existia entre a porta e a sala. Infrutiferamente buscou conhecer o segredo de tal manifestação, nenhuma intuição lhe revelou.

No dia seguinte, foi ele ao quartel-general com o fito de narrar o ocorrido ao coronel R., de São Pedro, que, conquanto não quisesse se aprofundar muito nos estudos espíritas, acreditava sinceramente na comunicabilidade dos Espíritos.

Apenas se encontraram, disse Quadros:

— Tenho a contar-lhe um fato.

— Também tenho outro - respondeu o coronel -, ouça o meu. Estava eu ontem lendo muito entretido, quando senti cair um corpo pesado junto a mim. Olhei-o e era um animal parecido com um grande rato. Segui-o e ele foi sempre fugindo e depois desapareceu em um lugar onde não havia saída alguma. Veio-me logo a idéia de uma manifestação.

Então, contou-lhe Quadros o seu fato e nele estava a explicação da desaparição do animal.

Do estudo dessas manifestações que sempre se deram, mas em que até então ninguém prestava atenção, ressalta a continuação da intervenção dos Espíritos nos atos de nossa vida terrena.

---

* *N.R. (JDM) - André Luiz identifica os encarnados desdobrados como "vultos enormes" (F.C. Xavier, "Nosso Lar", FEB, Rio de Janeiro, 23ª ed., 1981, cap. 33, p. 182.*

Eles preparam os acontecimentos, em que muitas vezes entramos como simples parceiros, e vão propagando novas idéias, pela análise dos fenômenos que se dão conosco mesmo ou em nossa presença. No que acima contamos, tudo foi preparado por eles.

A *Revista da Sociedade Acadêmica "Deus, Cristo e Caridade"*, de fevereiro de 1882, assim anuncia o lançamento da *História dos povos da antigüidade sob o ponto de vista espírita*: *"(...) pelo dr. Francisco Raymundo Ewerton Quadros, bacharel em Ciências Físicas e Matemáticas e major do Estado Maior de Artilharia do Exército Brasileiro, da qual recebemos um exemplar, que agradecemos.*

O sr. dr. Quadros é mais um trabalhador incansável e corajoso que se apresenta na arena da propaganda, como demonstra o importante volume que acaba de publicar, cujo assunto por si só é recomendação para os estudiosos, abona o autor e dá testemunho da perseverança com que se dedica aos trabalhos espiríticos. Foi um dos fundadores do Grupo Espírita 'Humildade e Fraternidade' composto de algumas pessoas ilustradas que se consagram ao estudo sério da Doutrina Espírita, como se vê de seus trabalhos já publicados e outros que publicaremos depois sob o título Conservação das imagens transmitidas pelo raio de luz que parte da Terra".

A Fé de Ofício do marechal Ewerton Quadros apresenta um hiato entre os anos de 1884 a 1888, ocasião em que se encontra no Rio de Janeiro e é eleito o primeiro presidente da Federação Espírita Brasileira. Antes, em 1881, no dia 7 de junho, houvera sido um dos fundadores do Grupo Espírita "Humildade e Fraternidade", no Rio de Janeiro, desdobramento do Grupo Espírita "Fraternidade", instalado em 21 de março de 1880.

Pelo caráter histórico e pioneiro desses grupos, vale mostrar aqui como a *Revista da Sociedade Acadêmica "Deus, Cristo e Caridade"* (1881-1882) registra suas existências:

3 - Grupo Espírita "Fraternidade"

"(...) funcionou regularmente duas vezes por semana, tendo uma sessão para estudos teóricos e outra para trabalhos práticos.

Tem feito progresso, tanto nos trabalhos, como nos estudos, conta com grande número de associados, o que, aumentando-se eles de dia para dia, deu causa a constituírem-se dois grupos, pois o número de sócios é limitado para cada grupo, conforme se lê nas disposições gerais de seus Estatutos.

Quando o número de associados de um grupo excede ao limite determinado, cria-se novo, ao qual se filiam os excedentes do antigo, e assim sucessivamente se irão criando outros.

Foi instalado sob belos auspícios e tem uma administração original, uma verdadeira inovação, segundo os estatutos impressos que nos foram fornecidos pelo mesmo Grupo.

A forma de administração nos parece a mais própria e a mais adequada aos seus fins.

Eis um extrato dos ofícios que nos enviaram:

Em sessão administrativa do Grupo 'Fraternidade', que teve lugar a 6 do corrente (1880), resolveu-se, em obediência ao preceituado no artigo único, capítulo 7 do seu regulamento, a criação de um novo grupo, que tomou o nº 2 sob o título 'Humildade e Fraternidade'.

Este grupo funciona sob as mesmas leis do 'Fraternidade' independente apenas na parte administrativa.

A harmonia que deve reinar entre todos os crentes da causa bendita que sustentamos, a satisfação que tereis de saber que se alarga a esfera dos adeptos, o sentimento do amor que vos tributamos e o dever de cortesia determinaram aos membros do Grupo 'Fraternidade', em sessão de hoje, a fazer-nos esta participação".

Observação: Este grupo, dissidência da Sociedade Acadêmica "Deus, Cristo e Caridade", foi freqüentado por Bezerra de Menezes após sua conversão em 1886, o qual tentou instalar a sua *escola de médiuns* que, no entanto, fracassou, assim como outras iniciativas que ele queria promover. Desapontado, ele passa a freqüentar "Um Pequeno Grupo de Crentes

Antonio Luiz Sayão

Humildes" (ou Grupo dos Humildes), como se intitulava o grupo dirigido por Antonio Luiz Sayão, futuro GRUPO ISMAEL, que existe até hoje.

4 - Grupo Espírita "Humildade e Fraternidade"

Este grupo é um desdobramento do Grupo "Fraternidade", que obedece à sua lei orgânica, e viu-se obrigado, pelo grande número de associados que vão apresentando, a dividir-se em dois.

Eis um extrato do ofício em que amistosamente nos comunica a instalação (em 6 de junho de 1880).

"Aos irmãos da Sociedade Acadêmica 'Deus, Cristo e Caridade'.

Paz e Amor.

Com subido prazer sou encarregado de comunicar-vos que a 7 do corrente, de conformidade com o prescrito nos estatutos do Grupo Espírita 'Fraternidade', encetou seus trabalhos na senda ensinada há dezoito séculos aos homens pelo Enviado dos Céus, para chegarem ao descobrimento da verdade, o Grupo Espírita 'Humildade e Fraternidade'.

Contando com o poderoso concurso, suplica ao Onipotente Senhor dos Mundos, lance sua bênção sobre os infatigáveis trabalhadores que o precederam na luta."

5 - Fundação da FEB

Em 1º* de janeiro de 1884 é fundada a Federação Espírita Brasileira, com participação decisiva de Ewerton Quadros. Se

* *N.R. (JDM) - A assembléia oficial ocorreu em 02 de janeiro de 1884.*

faz sentir no ato a forte inspiração do Alto e o planejamento espiritual na criação da Entidade que viria a ser a grande timoneira e aglutinadora dos espíritas no futuro. Apesar das grandes dificuldades iniciais, e que não foram menores em toda sua existência, hoje de 120 anos, a FEB vem cumprindo com méritos seu papel de unificadora dos espíritas e divulgadora da Doutrina. E Ewerton Quadros esteve entre seus pioneiros.

Em 1911, ao inaugurar seu edifício próprio na Av. Passos, 28-30, a Diretoria FEB decidiu publicar um pequeno livro contando a história de seus primórdios, esclarecendo (reeditado em 1924):

"Quando um dia for escrita - o que há de ser - a história do Espiritismo, de seus trabalhos, conquistas e vicissitudes, como da soberana ação beneficente que vai, cada dia mais, exercendo sobre as massas, é possível que para o conjunto geral dessa obra magnífica não sejam inteiramente desaproveitados estes modestos subsídios.

Pequenino fator no considerável movimento de renovação que em todos os ramos de atividade humana já começa a operar o Espiritismo, assim no domínio científico e na esfera da filosofia, como na ordem moral, religiosa e social, a Federação Espírita Brasileira não reclamará dos futuros historiadores outro título que não seja o de reconhecimento de que, no limite de suas exíguas possibilidades, procurou cumprir o seu dever".

Tendo o texto desse inspirado opúsculo, relatando para a posteridade detalhes preciosos da fundação da FEB, permanecido sepulto no pó das bibliotecas durante quase um século, o reproduzimos aqui em parte, aproveitando a oportunidade da publicação desta biografia de seu primeiro presidente, Ewerton Quadros.

6 - Esboço histórico da Federação Espírita Brasileira

"a) Gênese – programa

Augusto Elias da Silva

Rezam "ligeiros apontamentos" coligidos por um venerando confrade, que foi também um dos fundadores desta casa, que no dia 1º de janeiro de 1884 (era uma terça-feira), reuniram-se nesta Capital, na casa de residência do conhecido e honrado fotógrafo Augusto Elias da Silva à Rua da Carioca, nº 120, alguns espíritas convictos, entre os quais Raymundo Ewerton Quadros (hoje marechal reformado), Manoel Fernandes Figueira, Francisco Antonio Xavier Pinheiro, João Francisco da Silveira Pinto, Romualdo Nunes Victorio e Pedro da Nóbrega[1], e resolveram *"fundar uma sociedade para o estudo científico do Espiritismo"*.

No dia seguinte, uma nova reunião se efetuou na mesma casa, para dar constituição definitiva à sociedade, cuja primeira diretoria foi então eleita, ficando assim organizada:

Presidente, major F. R. Ewerton Quadros; vice-presidente, M. Fernandes Figueira; secretário, João F. da Silveira Pinto; tesoureiro, Augusto Elias da Silveira Pinto; arquivista, F. A. Xavier Pinheiro.

Acerca do programa da Sociedade, ficou deliberado que o estudo seria ao começo, feito mediante análise de fatos espíritas ocorridos no país e no estrangeiro e discussão dos pontos importantes da ciência espírita, quer considerada como ciência experimental e de observação, quer como filosofia moral e religiosa; que se aceitasse o jornal *Reformador*, cuja publicação vinha sendo feita, por iniciativa e a expensas de Augusto Elias

---

[1] *Todos já desencarnados, ao fazer-se, neste ano de 1924, a segunda edição do presente Esboço.*

da Silva, seu fundador, desde o começo do ano anterior, como o órgão da Sociedade e que esta se denominasse Federação Espírita Brasileira.

Ficou, além disso, deliberado serem convidados outros crentes, assim desta capital como de outras cidades do Brasil, a aderirem à obra iniciada, sendo considerados fundadores todos os que se inscrevessem dentro do prazo de sessenta dias.

Feitas as diligências em tal sentido, no fim do prazo estipulado a lista dos sócios fundadores se compunham dos nomes seguintes:

Francisco Raymundo Ewerton Quadros, Augusto Elias da Silva, Antonio Elias da Silva, d. Mathilde Elias da Silva, d. Balbina da Conceição Baptista, Manoel Fernandes Figueira, João F. da Silveira Pinto, Francisco Antonio Xavier Pinheiro, capitão Agostinho Diniz Guimarães, Pedro da Nóbrega, Carlos Joaquim de Lima e Cirne, D. Affonso de Távora, André Pourroy, Ângeli Torteroli, Romualdo Nunes Victorio, José Agostinho Marques Porto, Manoel Rodrigues Fortes, José Maia, dr. Antonio Pinheiro Guedes, Ernesto Castro, Manoel S. Santos Moreira, capitão Manoel Francisco Imperial, Luigi Molica, d. Elvira Mollica, Francisco Pacheco de Oliveira, Manoel J. Moreira Maximino, Máximo de Avelar Seixas, Casemir Lieutaud, coronel Umbelino de A. de Campos Limpo, dr. Francisco Siqueira Dias, Oliveira Quintana, Manoel José Tavares, E. Amoretti, Antonio de Almeida Barroso, J. Santos Cruz Junior, Miguel Arcanjo Nunes Paes, dr. Julio César Leal, dr. Jonathas Abbott (residente no Rio Grande do

Manoel Fernandes Figueira

Sul), coronel Paulino Pires Falcão (de Pernambuco) e capitão Belchior Ribeiro da Fonseca (do Maranhão).

O programa inicial da sociedade foi mantido normalmente durante os seis primeiros anos, até que, com as inevitáveis perturbações resultantes da mudança do regime político da nossa pátria, refletindo-se em todas as esferas da atividade social, sobreviveram às vicissitudes de que nos ocupamos adiante.

Foi modesto esse começo de existência, espécie de desbravamento do terreno e semeadura para floração e colheita que só mais tarde alcançaria relativa plenitude.

Para a execução da parte propriamente científica do programa, fazia-se mister a organização sistematizada de uma série de observações que, passados vinte e oito anos, foi levada à prática, com a criação de *escolas de médiuns e de magnetismo,* esta cogitada no projeto de Estatutos da Federação, ora em preparo (1924).

Ainda assim, nas sessões ordinárias, regularmente efetuadas, fazia-se o estudo teórico de teses e a análise de fatos ocorrentes, e as sessões comemorativas das grandes datas anuais relativas à encarnação e desencarnação de Allan Kardec eram muito concorridas.

Além disso, as conferências públicas de propaganda levadas a efeito de 1885 a 1888, muito concorreram para a vulgarização das idéias espíritas, chegando algumas delas a atrair um auditório calculado em duas mil pessoas.

Dessas conferências, realizadas ao começo na sede da sociedade e mais tarde no grande salão da Guarda velha, à rua do mesmo nome, depois Senador Dantas, se encarregaram os seguintes propagandistas, bastante intrépidos para afrontar o ridículo com que era então hostilizado o Espiritismo: major Francisco Raymundo Ewerton Quadros (que efetuou duas conferências) dr. Francisco de Menezes Dias da Cruz, dr. Antonio Pinheiro Guedes, dr. Antonio de Castro Lopes (duas), dr. Francisco de Siqueira Dias, dr. Antão de Vasconcelos, dr.

Antonio Pinheiro Guedes

Adolpho Bezerra de Menezes, dr. Ramos Nogueira, dr. Antonio José Netto (três), Augusto Elias da Silva, Manoel Fernandes Figueira, Manoel Rodrigues Fortes e Carlos Joaquim de Lima e Cirne.

Era, o período, de desassombrada agitação da idéia.

Ao mesmo tempo, o *Reformador*, embora com uma limitada tiragem de 400 exemplares e com 4 páginas de texto, feição que conservou até 1902, passando de janeiro de 1903 em diante a adotar o atual feitio da revista, em 16 páginas, ia sustentando o programa da Sociedade e apregoando o Espiritismo, sem abandonar o estudo de sua parte moral e filosófica, de importância incontestável.

Daquela tiragem eram habitualmente remetidos 100 exemplares para Lisboa, onde o *Reformador* buscava, assim, concorrer para a propaganda espírita entre os irmãos de além-mar, dando em resultado a criação de uma folha de nossa comunhão naquela capital.

Paralelamente a essa obra de propagação, ia o *Reformador* ensaiando a permuta com as publicações congêneres do exterior, até chegar ao grau, por assim dizer, de universalidade registrado nos últimos anos, em que por esse meio tem atraído para a biblioteca da Federação um considerável repositório de notícias, informações e escritos contidos nos jornais e revistas de quase todo o mundo, com os quais fraterniza nos mesmos ideais e cujas vistas, em retribuição, periodicamente recebe.

Nessa primeira fase de existência da Sociedade, como nos anos que se seguiram até sua consolidação, adiante assinalada, nem sempre sorriram os fatos à jovem instituição, e posto que fosse constante a criteriosa preocupação de seus diretores em manter-lhe o equilíbrio financeiro, mais de uma crise dessa natureza a assaltou, surgindo a ameaça até de suspensão da publicação do jornal. Mas a Federação tinha que viver, porque destinos de cada vez mais dilatada magnitude lhe estavam reservados."

b) Domicílio – vicissitudes

"Durante os quatro primeiros anos, desde a sua fundação, a Federação Espírita funcionou no local em que fora carinhosamente instalada, como ficou dito, à Rua da Carioca, nº 120.

A diretoria, porém, eleita para 1888, composta dos irmãos Ewerton Quadros (presidente), dr. Dias da Cruz (vice-presidente), Fernandes Figueira e Silveira Pinto (1º e 2º secretários), Elias da Silva (tesoureiro) e Xavier Pinheiro (arquivista) entendeu ser oportuno dar-lhe instalação independente, a fim de que sua sede pudesse constituir-se não somente em um lugar de estudo, mas de reunião e freqüência dos espíritas, entre os quais fossem, por esse modo, cultivados e fortalecidos os laços de fraternidade.

Assim se fez, sendo, no dia 31 de janeiro de 1888, instalada a Federação no sobrado do prédio nº 17 (hoje nº 25) da então rua do Clube Ginástico, atualmente (1924) Rua Silva Jardim, ao pé da Igreja Evangélica Presbiteriana.

Nesse ano, instalou-se a primeira crise, passageira embora, nas finanças da Sociedade, obrigando a fazer-se um rateio para pagamento do aluguel da casa e da impressão do *Reformador*, cuja composição era feita na própria sede social.

Um outro acontecimento desse ano, que ficou assinalado na existência da Federação, foi a vinda a esta Capital do célebre Henry Slade, a convite da Sociedade e a expensas de alguns sócios, mas cujos trabalhos experimentais suscitaram

Henry Slade

animadas controvérsias e mesmo alguns desgostos, por isso que deram em resultados extremarem-se as opiniões, a ponto de Elias da Silva exonerar-se do cargo de tesoureiro da Sociedade.*

Permanecendoacrisefinanceira, alimentada pela insuficiência da receita para cobrir as despesas, certas e inevitáveis, foi deliberada a mudança da sede e, em novembro de 1889, aceitando um oferecimento de Manoel José Tavares, a Federação instalava-se, mediante um módico aluguel, no 2º andar do prédio nº 19 à Rua do Regente (hoje Tobias Barreto, nº 49), quase defronte da Rua Luiz de Camões.

Vale a pena acompanhar essa peregrinação de casa em casa, a título, pelo menos, de registro histórico dos sucessivos domicílios da Federação e das suas quase incessantes vicissitudes, até alcançar a estabilidade que veio, por uma série de circunstâncias providenciais, conduzir até ao edifício próprio, na Avenida Passos.

Ocorrendo a proclamação da República, em 15 de novembro de 1889, e começando no ano seguinte, de par com os naturais alvoroços da mudança de regime, as perturbações da vida econômica do país, o preço dos aluguéis de imóveis residenciais começou a subir exageradamente. Entrou, assim, o proprietário do prédio, à Rua Tobias Barreto, a exigir a sua desocupação.

Era a iminência de um aluguel mais elevado, com a agravante das despesas de mudança. E como fazê-la a Federação, em luta com embaraços pecuniários?

Imperiosa era, entretanto, a conjuntura e, depois de repetidas diligências, conseguiu-se alugar, em dezembro de

---

* *N.R. (JDM) - Sobre Henry Slade ver o livro "Provas Científicas de Sobrevivência", Zollner, J. K. Friedrich, EDICEL, 4ª edição, São Paulo.*

Dias da Cruz

1890, o 2º andar do prédio nº 83, à Rua Camerino, então da Imperatriz, e aí se instalava a Sociedade[2].

O resultado dessa nova mudança foi o agravamento da situação financeira da Federação, com o inconveniente de seu afastamento central da cidade, tornando-a menos acessível à freqüência dos sócios.

Por esse mesmo tempo, lavrava com intensidade uma epidemia, que obrigava o então presidente da Federação, o dr. Dias da Cruz, a multiplicar-se para acudir à sua numerosa clientela e aos deveres do seu cargo.

Era o começo da odisséia.

Perturbados por essa instabilidade os trabalhos da Sociedade, nem mesmo o *Reformador* conseguia ser publicado normalmente. Grande era, ao contrário, o atraso de suas edições, dando lugar a repetidas reclamações e não só impedindo a obtenção de novos assinantes, como dificultando a arrecadação do produto das assinaturas e contribuições mensais dos sócios. Para ainda mais crítica tornar a situação, veio um aviso da senhoria exigindo a desocupação do prédio, de que necessitava para nele residir, uma vez que, segundo alegava, tornara-se exorbitante o preço que lhe era cobrado pelo aluguel do que ocupava.

Nova luta, novos embaraços e diligências para a obtenção de um local para a Sociedade, até que em fins de 1891 era alugado, como último recurso, um sujo e pequenino sobrado no Largo do Depósito, nº 56, hoje Rua Camarino, nº 74, para

[2]*Este prédio foi recentemente (1924) demolido para alargamento da mencionada rua.*

o qual, em virtude de suas exíguas acomodações, só puderam ser transportados alguns móveis e a biblioteca da Federação, sendo encaixotados todo o arquivo e o material fotográfico do *Reformador* e guardados com outros objetos em casa de um marceneiro, vizinho e amigo de um dos diretores.

"Esse fechamento provisório da Federação", diziam as notas de um velho e dedicado confrade, contemporâneo dessa fase angustiosa, *"numa época revolucionária, na qual tinha-se dado a dissolução do Congresso Constituinte, com a sucessiva deposição do marechal Deodoro, ainda mais contribuiu para o afastamento e a dispersão dos sócios. Era o completo isolamento"*.

Mas o presidente da Sociedade, compreendendo, na sua qualidade de médico, que ao doente, enquanto resta um sopro de vida, se aplicam todos os recursos por salvá-lo, longe de esmorecer, multiplicou seus esforços, secundando os de um seu único fiel companheiro de diretoria, e em janeiro de 1893 era instalada a Federação no sobrado à Rua da Alfândega, nº 342, hoje nº 330.

A aquisição deste local, mediante contrato escrito e o avultado aluguel de 4$000 por ano, atenuado apenas pela renda do pavimento térreo, que produzia mensalmente 80$00, representava um rasgo de coragem do presidente da Federação, que, confiante do futuro, não cessava de esperar também um bom movimento da parte dos associados, compreendendo os seus sacrifícios pessoais e vindo amparar a Sociedade que desfalecia.

Em um certo momento, pareceu que não seriam frustradas essas esperanças. Recomeçou a freqüência de alguns sócios, efetuavam-se as sessões e a assistência aos necessitados, pela dedicação de um pequeno grupo que fazia suas reuniões aos domingos, sendo os donativos em dinheiro, assim periodicamente arrecadados, repartidos por famílias pobres.

O programa de estudo consistia na leitura de um trecho de *O Livro dos Espíritos,* com explanação facultativa aos assistentes, e dissertação sobre teses apresentadas por algum estudioso, versando sobre pontos da doutrina.

Pouco, entretanto, deveria durar esse recomeço de atividade proveitosa, ao menos como ponto de partida para mais amplos desenvolvimentos.

O ambiente político da Capital entrou a carregar-se de ameaças pela agitação criada em torno do governo do marechal Floriano, e essa preocupação, que absorvia todos os espíritos, veio de alguma sorte a penetrar no próprio ambiente da Federação, toldando-lhe a serenidade.

Arrefecia, paralelamente, o gosto pelos estudos da Doutrina, reduzindo-se o número de seus freqüentadores e sendo assim burlados os esforços dos diretores da Sociedade, que conservavam abertas constantemente suas portas como em apelo mudo aos desertores.

Em 6 de setembro desse mesmo ano, rebenta a revolta da Marinha nacional e precipita-se a crise política, com resistência do chefe do governo, e os freqüentes bombardeios de alguns pontos da cidade pelos navios sublevados.

Decorrem os dias lutuosos e agitados, que vão daquela data à sufocação do movimento, em 13 de março do ano seguinte, e perturbados os espíritos, não raro sob a impressão de pânico, favorecida pelos repetidos boatos de invasão armada da Capital, foragidas muitas famílias e divididos os próprios espíritas pelas opiniões políticas, quem se lembraria de freqüentar os modestos estudos da Federação?

Foi então completa a deserção, de nada valendo a assiduidade de um ou dois diretores que, unicamente por dever, conservavam aberta a sede e ali compareciam, mas nem sequer logravam a publicação do órgão *(Reformador)*, suspenso enquanto a borrasca não passou.

O resto do ano de 1894 foi consumido em reanimar as forças dispersas e restabelecer o programa interrompido, mas sem resultado apreciável.

Em 1895, a crise atingiu o apogeu, com a ruína, por assim dizer, completa das finanças da Sociedade.

Adolpho Bezerra de Menezes

Foi então que as vistas dos que amavam aquela Casa e por ela haviam empenhado os maiores sacrifícios se voltaram para uma individualidade que, reunindo as mais peregrinas virtudes, a saber, um legítimo prestígio no seio dos espíritas, parecia - e, com efeito, foi - a única em condições de salvar a Federação.

Era o Dr. Adolpho Bezerra de Menezes[3]. Instado a tomar a direção da Sociedade, foi eleito seu presidente em assembléia geral extraordinária de 3 de agosto de 1895 e desde logo lhe imprimiu a orientação a que se conservou ela fiel até agora, e de que falamos no capítulo adiante.

Completemos por agora estas notas relativas ao domicílio, assinalando que a Federação ainda permaneceu no sobrado (2° andar da Rua da Alfândega, n° 342) até começo de abril de 1899, quando transferiu sua sede para o sobrado da Rua do Rosário, n° 141 (hoje n° 177, canto do Largo da Sé).

Daí, continuando a melhorar suas finanças e aumentando gradualmente o número de sócios, de modo a exigir mais ampla instalação, mudou-se, em 1° de junho de 1900, para o 1° e 2° andares do prédio n° 97, hoje n° 133, da mesma Rua do Rosário, de onde, a exemplo da Associação dos Empregados do Comércio do Rio de Janeiro - que aí também tinham sua sede, antes de se instalar no palacete da Rua Gonçalves Dias -, só deveria sair, oito anos e meio mais tarde, para o seu edifício

---

[3] *Ele já exercera, alternadamente, a presidência e vice-presidência da Federação nos períodos de 1889, 1890 e 1891. Preocupado, porém, com outros trabalhos da doutrina que mais o atraiam, não prestara um concurso assíduo a esta Sociedade. Não tinha soado ainda a sua hora.*

próprio, na Avenida Passos, nºs 28 e 30, em que um novo surto de prosperidade, fecundou a propaganda, Deus permitirá lhe seja reservado."

c) Filiação ideológica

"Se o Espiritismo, como acreditamos, não é um produto da vontade, nem da ação dispersa e exclusiva de homens, mas o resultado de um plano traçado pela Onipotência Divina - e só assim se explicam os seus incoercíveis progressos e a sua rápida universalização em pouco mais de meio século - ao bosquejarmos um capítulo, ou apenas uma página, se o quiserem, de sua história, parece não será inoportuno remontarmos às fontes da direção que vem obedecendo.

Antes de tudo, qual será a razão, a utilidade e objetivo desta Doutrina, que surge precisamente no momento em que as religiões agonizam, estratificadas na imobilidade dos dogmas e no meio da anarquia moral e mental em que se debatem as sociedades humanas?

A razão é simples. O Espiritismo surge porque, precisamente, não tardarão a desaparecer as religiões do passado, nem somente de pão há de viver o homem, segundo a palavra do profeta.

É assim que, na história da humanidade, sucedem-se os ciclos de renovação religiosa, cada um correspondendo às novas necessidades de aperfeiçoamento e de progresso.

A utilidade do Espiritismo consiste em demonstrar objetivamente, pelas manifestações dos desencarnados, a grande e consoladora realidade da sobrevivência e imortalidade do Espírito, com todas as suas magníficas conseqüências morais e filosóficas.

O seu objetivo, portanto, não pode ser outro senão preparar os homens para a compreensão de seu papel no mundo, colaboradores que precisam ser na obra da criação divina, tornando-se, assim, aptos para a realização de seus destinos imortais, por uma incessante purificação dos próprios sentimentos. É uma obra, em suma, de aperfeiçoamento moral, o que se propõe antes de tudo, ou acima de tudo, o Espiritismo, pois que todos os progressos individuais e sociais, para serem duradouros, têm que assentar sobre aqueles inabaláveis fundamentos.

Mas o Espiritismo não é uma obra isolada ou sem antecedentes lógicos na história do nosso mundo e na evolução de sua humanidade. Já Allan Kardec, sob a inspiração e com a ostensiva colaboração dos Espíritos reveladores, o definiu como a Terceira Revelação, solidária com as que o precederam trazidas por Moisés e pelo Cristo.

Assim, Moisés, o Cristo e o Espiritismo constituem uma indissolúvel trilogia, marcam os termos graduais de uma mesma revelação ampliada sucessiva e oportunamente através dos tempos, consoante as necessidades de progresso e desenvolvimento espiritual da humanidade.

Ora, pelo papel que o ensino dos Espíritos assinala a Jesus em nosso mundo, indicando-o como seu diretor, à semelhança do que com os demais mundos acontece, cada um tendo um Cristo, ou auxiliar de Deus, preposto à sua direção, o que resulta é que a obra do progresso em nosso mundo, culminando particularmente nas revelações espirituais ou de ideal religioso, é o produto da suprema direção daquele Guia, sob as vistas do Pai Onipotente e com a colaboração de auxiliares dedicados.

Dá-se com o Espiritismo um fenômeno significativo, que parece confirmar essa invisível, providencial e sábia direção em seus diversos meios de vulgarização.

E vem a ser que nos países da Europa onde, de um lado, sábios de renome e, do outro, o materialismo, criaram raízes profundas, a propaganda se faz por meio dos efeitos psíquicos, desde a levitação e os transportes até as materializações, aparecendo, assim, para isso, os médiuns aptos, por suas faculdades, à obtenção de tais fenômenos tangíveis; ao passo que nos países de uma extensa preparação religiosa com a tendência para aprender, preferencialmente, o lado moral do

Espiritismo, é nesse sentido que se faz a propaganda.

O Brasil se acha precisamente neste caso, e é sob a direção imediata do alto Espírito Ismael, seguindo uma revelação há muito tempo recebida nesta Capital, que nele vem desenvolvendo o Espiritismo.*

Depois do Grupo "Confúcio", fundado em 1873, e que não teve mais que dois anos de existência, foi a Sociedade de Estudos Espíritas "Deus, Cristo e Caridade" instituída a 26 de abril de 1876[4], a primeira que se fundou com um programa acentuadamente evangélico, isto é, visando iniciar seus membros, de par com o estudo geral do Espiritismo, no conhecimento dos ensinamentos de Jesus e prepará-los para se fazerem seus discípulos.

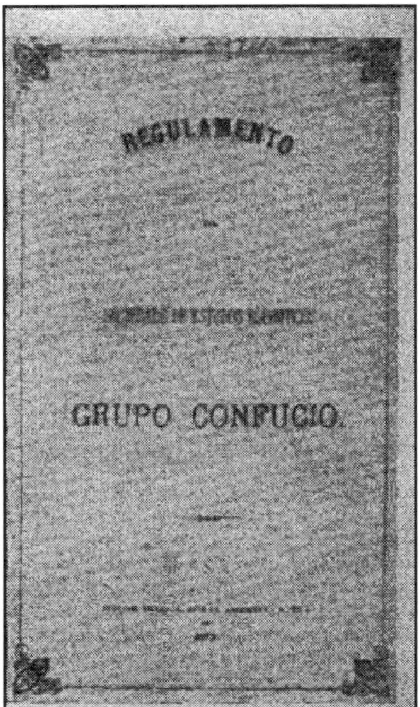
REGULAMENTO

GRUPO CONFUCIO

Não foi o produto de uma escolha dos homens, mas ostensiva indicação do Guia Ismael, a denominação da Sociedade. Essa denominação é uma síntese admirável. O Espiritismo inscreve em sua bandeira o lema universalista "Fora da caridade não há salvação". Pois bem, é pela caridade, em todas as suas formas e aplicações, que nos identificamos com o Cristo e por este é que chegamos finalmente a Deus.

Até o ano de 1879, foi o programa, fielmente cumprido, da Sociedade

* *N.R. (JDM) - Em 1874 através da médium Sra. Pinnet, que recebeu de Ismael o lema: "Deus, Cristo e Caridade".*

4 *Ver MEMÓRIA HISTÓRICA DO ESPIRITISMO (edição da FEB – Federação Espírita Brasileira – 1904, pág. 58).*

"Deus, Cristo e Caridade", abundante de frutos espirituais para os seus membros. Não tardou, porém, para que alguns destes, separando-se do espírito de humildade indispensável a todo aspirante a discípulo de Jesus, pretendessem converter a agremiação em Sociedade Acadêmica com a mesma denominação final, daí se originando uma cisão e, separando-se dos acadêmicos em grupos, fundaram pouco depois a Sociedade Espírita "Fraternidade" para a qual o Guia Ismael, segundo revelação formal, transferiu seu estandarte[5].*

A "Fraternidade" prosseguiu na execução do programa de sua antecessora com os mesmos frutos, educando um núcleo de crentes com sólida e clarividente orientação, e realizou proveitosos trabalhos experimentais, consistindo principalmente na cura de obsessões. Interveio, também, ativamente, na própria corrente abolicionista que trabalhava nesse tempo à nossa pátria e da qual resultou a abolição da escravatura em 1888, mas veio, por fim, a se enfraquecer consideravelmente, porque o mesmo espírito de presunção de novo se insinuou entre alguns de seus membros, que pretendenderam transformá-la em Sociedade Psicológica "Fraternidade" (como envergonhados do qualificativo "Espírita"), até que, reduzida a um diminuto número, se dissolveu completamente em 1893.

Também já não era quase necessária. Pouco tempo depois, em 1895, Bezerra de Menezes assumia a presidência da Federação Espírita Brasileira e ia instituir o programa de orientação evangélica em que residia o segredo da prosperidade das associações anteriores, enquanto se lhe conservaram fiéis, e de que deveria resultar para a Federação o mesmo aproveitamento e os progressos que desde logo se acentuaram sem interrupção em sua vida e que a outra causa

---

[5] *Expressão puramente figurada, pela qual se deve entender que o alto Espírito transferiu sua assistência e proteção à nascente sociedade. Porque o Espiritismo não tem símbolos e é de crer que muito menos o tenham os Espíritos.*

* *N.R. (JDM) - Estandarte: "Deus, Cristo e Caridade".*

não devem ser atribuídos.

Porque Jesus é, pela bondade, o poderoso chefe que jamais deixa ser vencido o menor de seus verdadeiros e fiéis auxiliares. E quem o confessar abertamente, por palavras e obras dignas dele, terá seu amparo e mais segura garantia.

Teria o guia Ismael transferido para a Federação seu estandarte? É de crer que sim, e posto que nenhuma revelação expressa tivesse aí sido feita em tal sentido, um ditado recebido numa das sessões de estudo, em 1900 (estava-se então à Rua do Rosário, nº 141), e assinado com o seu nome, parece ter dado a entender que esta Sociedade merecia sua aprovação e estava, por conseguinte, sob sua égide.

Se, de resto, a observação dos fatos e a aplicação do raciocínio não enganam, a filiação ideológica da Federação parece remontar, no que se refere à realização do programa que convém ao Espiritismo no Brasil, àquela tentativa de 1876, frustrada, embora, sucessivamente, por acidentes humanos, mas reatada com perseverança até nos seus recentes vitoriosos

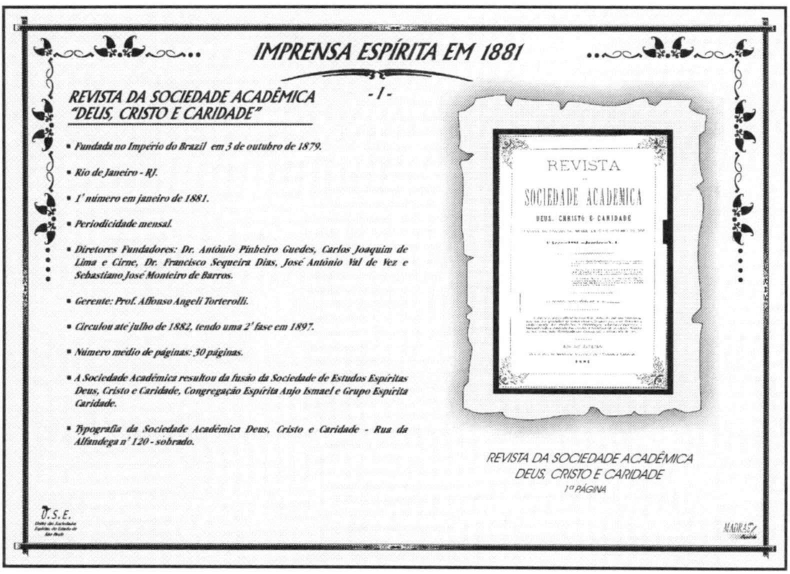

sustos nessa instituição.

Eis porque, no alto da fachada do edifício da Federação Espírita Brasileira, fulgura o dístico que é, como o dissemos, uma síntese e - acrescentaremos - um programa de aperfeiçoamento e de trabalho: DEUS, CRISTO E CARIDADE."

d) Ampliação do programa

"Assumindo a presidência da Federação em 3 de agosto de 1895, dr. Bezerra de Menezes imprimiu o cunho de uma doutrinação popular à direção dos seus trabalhos. Recomeçou o estudo de *O Livro dos Espíritos*, que contém a parte filosófica da Revelação, ponto por ponto, construindo uma, no máximo duas das questões (pergunta e resposta) aí tratadas, o tema da preleção em cada sessão semanal (era então aos sábados, passando depois para a sexta-feira), e encarregando-se ele próprio da dissertação.

Os contemporâneos dessa fase auspiciosa hão de sempre se

recordar com saudades daqueles ensinamentos verdadeiramente magistrais, em que os assuntos mais árduos e transcendentes da Doutrina Espírita eram tratados com uma eloqüência que atingia, por vezes, as raias do sublime, que os tornava acessíveis aos de menos culta inteligência, graças, sobretudo, à propriedade das imagens e figuras de que Bezerra freqüentemente se servia para tornar a exposição mais clara e inteligível.

Orador consumado, como parlamentar que fora no Império, dotado de uma vasta ilustração, duplicada de uma abundância e pureza de sentimentos que o faziam venerado e querido por todos, Bezerra de Menezes era, além disso, como todo trabalhador do pensamento, um médium inspirado, contando para maior brilho de sua oratória persuasiva com uma assistência espiritual de primeira ordem. Sua eloqüência dos assuntos doutrinários empolgava e convencia.

Graças a esse conjunto de qualidades e circunstâncias, particularmente a última apontada, o ambiente invisível que se formava nas sessões presididas por Bezerra de Menezes era de molde a produzir nos assistentes a impressão como de um banho de luz, que descesse das alturas e penetrasse até a alma.

Como complemento demonstrativo das explanações teóricas, instituiu ele nas sessões, com o concurso de excelentes médiuns*, desenvolvidos sob sua esclarecida direção, uma segunda parte, de trabalhos experimentais, em que levava o esclarecimento e o conforto, terminando sempre essa parte com a intervenção de um alto Espírito, freqüentemente por um médium de incorporação.

E era um espetáculo edificante e enternecedor, depois da manifestação irrequieta, não raro violenta de um dos primeiros, ouvir-se pelos lábios do mesmo médium adormecido, a palavra impregnada de suavíssima doçura de um dos Espíritos guias que vinha pôr termo à reunião.

Os que têm assistido a manifestações dessa natureza, em geral pessimamente dirigidas, não podem fazer idéia da imponente magnitude que assumia esse comércio com os

---

* *N.R. (JDM) - Em especial o médium Frederico Pereira da Silva Júnior.*

invisíveis, sob a direção de Bezerra de Menezes.

É que para se obter, nesse ainda tão obscuro domínio, frutuosos resultados, requer-se um conjunto de virtudes de coração, muito raras entre os homens.

* * *

As sessões hebdomadárias da Federação foram, pois, divididas em duas partes: na primeira, das 7 às 8 horas da noite, fazia-se estudo metódico e seguido de *O Livro dos Espíritos*, sendo a segunda parte, das 8 às 9 horas, consagrada ao indicado trabalho experimental.

Com esse duplo atrativo, as sessões da Federação entraram a ser numerosamente freqüentadas, tendo também aumentado o número dos sócios. *O Reformador* voltou a ser regularmente publicado, refletindo-se em suas colunas a orientação evangélica impressa por Bezerra de Menezes aos trabalhos da Sociedade.*

Ao mesmo tempo, um modesto equilíbrio se estabelecia nas finanças, coincidindo com sua fase de normalidade o restabelecimento da tranqüilidade pública no país, tudo assim parecendo favorecer a marcha da Federação em sua nova fase.

Prosseguiram, com efeito, os seus trabalhos sem interrupção, no sentido não somente da propaganda interna, como da primeira representação externa da Sociedade, no Congresso Espiritualista Internacional de Londres, em 1898, cogitava Bezerra de Menezes de completar o programa doutrinário com a instituição de mais uma sessão semanal para estudo dos Evangelhos à luz do Espiritismo.*

Em dezembro, porém, desse ano, achando-se já enfraquecido, mais pelo excesso de trabalho que pèla idade - pois era de compleição robusta e entrara apenas nos 70 anos - foi ele acometido de uma congestão cerebral, vindo a desencarnar no dia 11 de abril de 1900.

* *N.R. (JDM) - O Reformador nunca deixou de circular, apenas seus números saíam atrasados.*

* *N.R. (JDM) - O que veio acontecer. Esta reunião semanal existe até hoje.*

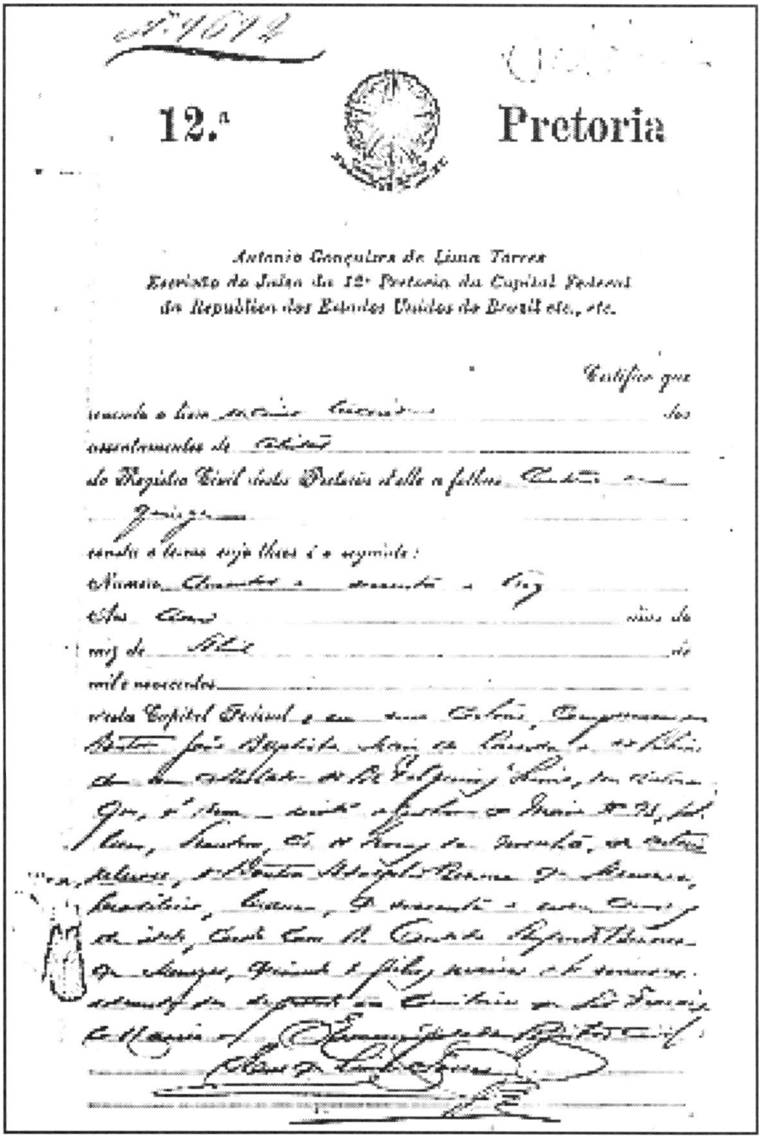

12.ª Pretoria

Antonio Gonçalves de Lima Torres
Escrivão do Juizo da 12ª Pretoria da Capital Federal
da Republica dos Estados Unidos do Brazil etc., etc.

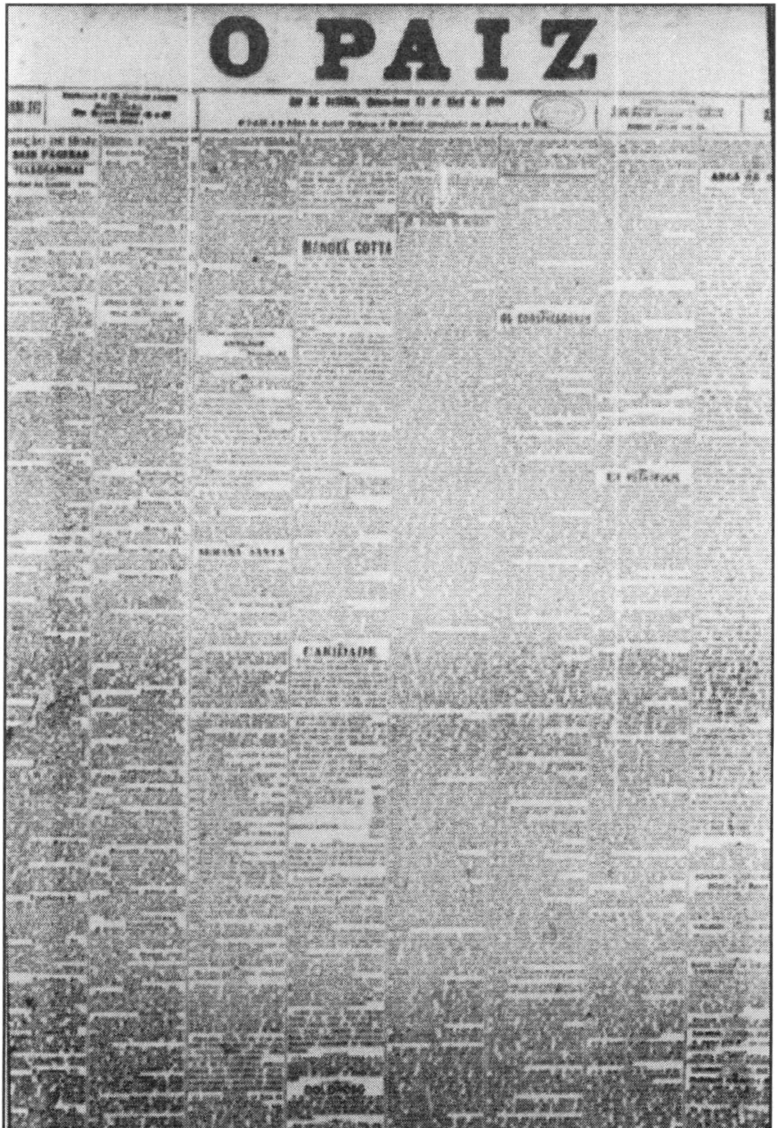

O PAIZ

A perda foi irreparável para a Federação, privada, assim, de um chefe amado e de prestígio, não só na cidade do Rio de Janeiro como entre todos os espíritas do Brasil, até aos quais, antes mesmo de assumir, na fase que indicamos, a presidência da Federação, fizera chegar o encanto de sua palavra persuasiva mediante uma longa série de escritos, publicados anos a fio nos jornais de grande circulação, sob a epígrafe *Espiritismo – estudos filosóficos*, que assinava Max* e foram mais tarde reunidos, constituindo três volumes.*

A perda foi irreparável. Por muito profunda que, contudo, fosse, como realmente o sentiram todos os seus saudosos companheiros, não impediria a marcha e o desenvolvimento da Sociedade, chamada à realização de destinos de cada vez mais dilatada magnitude.

Dir-se-ia mesmo que, desencarnado, o seu concurso das regiões do invisível seria mais eficaz para os companheiros que aqui deixara, aproveitando-lhes as boas disposições da mocidade e estimulando-lhes a dedicação e o zelo na multiplicação de sua obra."

e) Desenvolvimento atual

"A desencarnação de Bezerra de Menezes produzira a consternadora impressão de um grande vácuo no espírito dos que haviam tido a inapreciável fortuna de ser seus companheiros na Federação. Eles sentiam-se despojados, verdadeiramente órfãos daquela autoridade paterna, a cuja sombra tanto se haviam habituado a acolher-se para o caminhar na propaganda.

Entretanto, os trabalhos da Sociedade, como atrás ficou assinalado, não podiam estacionar. O primeiro cuidado dos que teriam de fazer-se daí em diante os continuadores da obra, senão iniciada, prosseguida com tão fecundo êxito pelo grande apóstolo, foi manter com religiosa fidelidade o programa por

* *N.R. (JDM) - De 1887 a 1897 nos periódicos "O Paiz, Jornal do Brasil e Gazeta de Notícias".*

* *N.R. (JDM) - Em 1907, série imcompleta de 1887 a 1893.*

ele instituído.

Continuaram, assim, a ser pontualmente realizadas as sessões de estudo doutrinário, às sextas-feiras, completadas com a mesma parte experimental, ou de manifestação de Espíritos.

A experiência, contudo, corroborada ao demais por um conselho dado, algum tempo depois, pelo Espírito Bezerra de Menezes, consultado em reunião especial acerca do programa da Federação, veio demonstrar a conveniência de ser modificada essa última parte.

"Nada de trabalhos práticos, por enquanto", disse ele. E, com efeito, o resultado de tais manifestações, nas condições de empirismo em que eram, e são geralmente obtidas, sem ao menos as intervenções da experiência e, sobretudo, a de um grande coração como o de Bezerra de Menezes, parecia inteiramente nulo.

Túmulo de Bezerra

Em seu lugar foi, portanto, instituído, de par com *O Livro dos Espíritos*, o estudo, pela mesma forma seguida e analítica, de *O Céu e o Inferno*, de Allan Kardec [6], com o cunho de doutrinação popular mantido pelo presidente da Federação.

A freqüência de assistentes às sessões, longe de escassear, foi, com ligeiras alternativas, em progressivo aumento, crescendo também o número de sócios.

[6] *Quando terminado o estudo desse livro , foi substituído pelo d´O Evangelho segundo o Espiritismo , até agora mantido nas sessões às sextas-feiras.*

Em 1901, fez-se uma primeira revisão dos estatutos contendo, entre outras importantes medidas, uma relativa à reorganização da Assistência aos Necessitados e outra à união dos espíritas, mediante a filiação das associações de propaganda existentes no Brasil à Federação, dentro dos moldes federativos, com autonomia, portanto, para cada uma das entidades militantes, todas ligadas à entidade central, num mesmo espírito de solidariedade.

Esses Estatutos, aprovados em assembléia geral dos sócios, realizada a 15 de novembro, entraram em vigor no dia 1º de janeiro de 1902 e foram registrados no Cartório do Registro Geral de Hipotecas em 22 de maio, consoante o disposto na Lei nº 173 de 10 de setembro de 1893 - formalidade que tem sido preenchida por ocasião das duas outras reformas parciais dos estatutos: em 29 de julho de 1905 e em 21 de setembro de 1907.

Com esta providência, adquiriu a Federação personalidade jurídica que lhe dá capacidade para adquirir bens, receber legados, exercer, em suma, os direitos que se reconhece às entidades dessa natureza.

Não parou aí a iniciativa dos diretores da Federação, no sentido de a ir gradualmente encaminhando a seus destinos. No mesmo ano de 1902, fez-se uma primeira tentativa de fundação de uma Escola de Médiuns, cuja direção foi a princípio confiada ao dr. João Batista Maia de Lacerda, vice-presidente da Sociedade, e mais tarde, com a desencarnação deste, a 4 de julho do mesmo ano, passou a ser exercida pelo dr. Germiniano Brasil de Oliveira Góes, que o sucedeu naquele cargo.

* * *

Retrocedemos ainda um pouco aos pródromos da atual fase de desenvolvimento da Federação, para relatar outros sucessos que o integram.

Corria ainda o ano de 1900, quando se anunciou a reunião

de um Congresso Espírita e Espiritualista Internacional em Paris, convocado para os dias 16 a 27 de setembro.

Ora, a Federação, que já havia endereçado uma adesão normal, posto que isolada, ao Congresso Espiritualista Internacional, reunido em Londres no mês de junho de 1898, não devia permanecer indiferente ao grande certame de Paris. Lançou, pois, nas colunas de seu órgão, um convite às associações espíritas do Brasil, no sentido de lhe enviarem suas adesões, a fim de serem todas ali representadas por seu intermédio, dando, assim, no exterior, uma primeira demonstração da extensão e força adesiva do Espiritismo no Brasil.

O convite foi bem acolhido geralmente, sendo recebidas as adesões de 79 sociedades domiciliadas ao norte e ao sul do nosso país, em nome das quais e em seu próprio a Federação compareceu na grande assembléia, por intermédio do eminente apóstolo sr. Léon Denis, que, previamente convidado, aceitara, com cativadora gentileza, a incumbência de nos representar.

De posse daquelas adesões, foi redigido em francês pela diretoria da Sociedade, e enviado ao seu representante, um breve relatório, contendo um resumo histórico do Espiritismo no Brasil e uma estatística dos jornais e das sociedades existentes.

Léon Denis

Esse documento foi lido na sessão de 24 de setembro efetuada pelo Congresso, sob a presidência de Léon Denis, e mais tarde inserto (págs. 274 a 280), na resenha *(Comple rendu)* publicada em 1902 pela *Sociètè Française d'Ètude des Phenoménes Psychiques,* e que constitui um grosso volume de 730 páginas, contendo todos os trabalhos, memórias e relatórios apresentados ao Congresso.

Foi esse, de repercussão no exterior, o fato mais importante da vida da Federação em 1900."

7 - A evolução da carreira militar

Ewerton Quadros não foi reeleito para o cargo de presidente da FEB em 1888 porque foi designado pelo Governo Federal para servir nos sertões de Goiás. Depois disso, continuou a servir em várias regiões brasileiras, em comissões científicas e militares. Foi, no entanto, homenageado com o título de "Presidente Honorário da FEB" como registra o *Reformador* de janeiro de 1891: *"Na sessão em que se elegeu a nova diretoria, foi apresentada pelos senhores Manoel Tavares e Elias da Silva uma proposta para que fosse considerado Presidente Honorário da Federação Espírita Brasileira o coronel dr. Francisco Raymundo Ewerton Quadros. O segundo daqueles consócios, motivando a proposta, rememorou os esforços e cuidados com que, durante os cinco primeiros anos do* Reformador, *multiplicou-se o dr. Quadros no mister simultâneo de redator e revisor, mantendo sempre o mesmo tom doutrinário que convém a uma folha de propaganda; rememorou, ainda, os serviços prestados à Federação quando seu presidente efetivo, cargo que desempenhava com a assiduidade e consciência com que costuma satisfazer todos os*

Ewerton Quadros

seus compromissos. O entusiasmo com que foi recebida a proposta só se pode comparar às aclamações e palmas com que, na sessão comemorativa de aniversário da Federação, acolheram as palavras do presidente quando este se referiu ´com justiça´ e pesaroso pela ausência do sr. dr. E. Quadros. Receba o nosso confrade os nossos parabéns pela distinção merecida com que acaba de ser galardeado pela Federação".*

Em 23 de janeiro de 1889, o major Quadros é graduado no posto de tenente-coronel e tem uma passagem pelo interior de São Paulo para, posteriormente, seguir para Uberaba, Minas Gerais, onde acampa na margem esquerda do Rio Parnaíba. Um ano após, é promovido a coronel graduado.

Ewerton Quadros foi também diretor do Arsenal de Guerra do Rio de Janeiro, comandante da Escola Militar do Rio de Janeiro (1894-1895), então localizada na Praia Vermelha, professor da Escola Politécnica e presidente do Clube Militar (1895-1897). Foi agraciado pelo governo do marechal Deodoro com a Ordem São Bento de Aviz no grau de oficial. Durante a Revolta de 1893-1894 destacou-se por sua firmeza e lealdade ao marechal Floriano Peixoto, tendo sido comandante do 5º Distrito Militar, comandante-em-chefe das forças em operação no Paraná e comandante das fortalezas de São João e da Lage. Quadros foi reformado no posto de marechal por Decreto de 4 de julho de 1895.

Retirando-se merecidamente da cena militar, suas lutas passaram a se desenvolver no campo do espírito. Sua prolífica pena aumenta suas contribuições aos periódicos espíritas, principalmente o *Reformador* e a Revista *Verdade e Luz,* editada por Batuíra em São Paulo.

No *Reformador* de setembro de 1897, ele descreve uma de suas vidências sob título *O Remorso:*

"Trevas! Por toda parte sombras! Era uma estreita e úmida clareira, cercada de cerrado ou vereda, em cujo fundo se desesperava impetuosa torrente lançando espumantes cascatas sobre seu leito de pedras e desaparecendo em misteriosos recessos de uma mata virgem.

* *N.R. (JDM) - Dr. Dias da Cruz.*

O vento da tempestade sacudia violentamente as cabeças dos gigantes da floresta com estrépito medonho, como se quisesse desenraizar e varrê-las da superfície da Terra.

Com a cabeça descoberta, os cabelos esparsos, imóvel e extasiado na contemplação dessa luta titânica dos elementos, um homem se achava ali no meio da clareira.

Era de média idade e, em sua fisionomia triste e severa, viam-se patentes traços indeléveis de profundos desgostos e de um desespero feroz.

De envolta com as flores e destroços arrancados às árvores, o tufão dispersou pelo solo as folhas despregadas de um livro; páginas impressas que vieram algumas dar na face do sombrio personagem que, como um amargo sorriso, voltou-se e disse:

`É a fiel imagem de meu viver na Terra. Atravessei a vida como um furacão desenfreado, despertando por toda a parte, prantos, ódios e desesperos; e hoje só resta a minha lembrança nestas páginas negras por cujo aniquilamento eu daria mil anos de minha existência amaldiçoadas pegadas da minha infinda passagem pelo mundo!

`Dotado de uma imaginação viva, de robusta e bem cultivada inteligência, eu, que podia ter-me tornado um dos benfeitores da humanidade, aplicando-me a estudos sérios, derramando no seio de meus irmãos da Terra os tesouros que aí colhe-se e aqueles que eu já trazia de minhas passadas encarnações. Mas não! A sociedade corrupta arrastou-me para o mal; o orgulho, a ambição de glória e sede de ouro, precipitaram-me para o abismo.

`O mundo amava o escândalo; e eu quis subir conquistando-lhe os aplausos. Feri sem piedade. Todos os meios me pareceram bons, e para enlamear os grandes desci muitas vezes, a caluniar a virtude moderna, não trepidei em expor aos sarcasmos da mesma frivolidade, infelizes que eu sabia, não tinham recursos para se defender.

`Quantas vezes a minha consciência, como um espectro pavoroso, se me erguia na mente chamando-me a atenção para a responsabilidade tremenda que eu estava acumulando sobre minha cabeça! Que deveres me cabia das mãos e penas com que eu lançava no papel as criminosas fantasias de minha imaginação febril, os

espinhos acerados com que eu despedaçava a alma de todos os que mereciam algum respeito dos homens!

`Fui um louco, um assassino covarde; com as minhas próprias mãos, lavrei a minha condenação.

`Hoje, em vez da glória que eu ambicionava, só me acompanha a execração do mundo; e este isolamento me fere ainda mais porque eu sei que é merecido. Se eu puder retornar a Terra!... Mas não! É cedo ainda; tornaria a cair.

`Preciso recuperar-me, preciso fortalecer-me na moral. Eu voltarei para compensar o mal que fiz`.

Disse e embrenhou-se nas matas e o vento furioso lançou-lhe ainda as dispersas páginas da obra que ele a todo custo queria esquecer.

Homens, pensem bem na responsabilidade enorme que atrairá sobre vós o mal que propagas, envenenando o sentido dos incautos que sem receio estuda o que escreveis!

Amanhã colhereis o que semeares agora, e como esse desgraçado silvícola, chorareis, porém bem tarde, sobre essas obras de que tanto vos ufanais hoje!"

Por volta de 1908, Ewerton Quadros dirigiu a Liga de Propaganda das Ciências Psicofísicas, entidade de investigação científica na área dos fenômenos psíquicos.

O marechal Francisco Raymundo Ewerton Quadros faleceu no Rio de Janeiro em 20 de novembro de 1919.

Fatos e Reminiscências Espíritas

Desenvolvendo a mediunidade

Reformador, junho de 1886

Julgando conveniente que as pessoas com que se tenham dado fatos medianímicos importantes e dignos de estudo venham apresentá-los em público sob a responsabilidade de suas assinaturas, como hoje se está fazendo em toda a parte, creio servir aos leitores do *Reformador* narrando os seguintes fatos que comigo se deram.

São passados onze anos; estava eu trabalhando para desenvolver a mediunidade psicográfica, quando vi diante de mim a figura bem distinta de um frade ainda moço e de fisionomia simpática e muito atraente; tal que em mim, ainda principiante, não despertou o menor receio.

"*Nunca te confessaste*", disse-me ele, "*pois bem, escuta-me*". Pausadamente este homem repetiu-me toda a minha vida desde a idade de quatro anos; e à medida que ele falava, os fatos me vinham à memória com uma clareza admirável; fatos que nunca mais eu havia me recordado. Estava perplexo diante dessa testemunha não só dos atos todos da minha vida, como ainda dos sentimentos que os tinham ditado; quando ele acrescentou: *"Já sabes agora o que fizestes de mau, evita a continuação no mau caminho; Deus te perdôa, não peques mais"*.

* * *

Outra vez, fatigado do trabalho, buscava repousar, quando vi debruçada sobre a minha mesa a figura de um padre que parecia escrever.

Depois ele levantou-se e mostrou-me um papel, no qual estava escrito apenas o seguinte: 30.170 léguas.

Perguntei-lhe o que significava aquilo e ele respondeu: *"É o raio médio do núcleo solar"*.

Como, porém, perguntei-lhe eu, poderei apresentar isso sem ter meios de prová-lo? *"Não te dê cuidado"*, retorquiu ele, *"terás provas"*.

Padre Secchi

Comuniquei o fato a diversos amigos, dando-lhes ao mesmo tempo o nome do Espírito que se me havia apresentado, o que não só por um retrato que eu havia visto, como ainda pela intuição que então recebi, soube ser o Pe. Secchi.*

Seguindo os estudos de astronomia que estava fazendo, obtive depois umas fórmulas simples que publiquei nesta folha, as que prendem entre si a força atrativa do astro central, sua distância a um qualquer dos planetas do sistema, os movimentos de rotação e translação deste seu

** N.R. (JDM) - Angelo Secchi (1818 – Reggio Emilia – 1878 – Roma). Jesuíta, descobriu a análise espectral.*

raio, densidade e riqueza fluídica; e considerando Vega como centro atrativo do nosso sol, empreguei a fórmula, e achei, com grande espanto meu, para raio do núcleo solar, 36.710 léguas. Havia uma diferença de 584 léguas, devida sem dúvida às frações desprezadas no cálculo, ou ter lido mal o papel que o Espírito me mostrava de longe.

* * *

Outra vez ainda, tinha sido convidado para assistir a uma sessão espírita, mas sentia-me pouco disposto. Nisto me veio à mente uma questão séria sobre fluidos, da qual não me posso recordar.

Embalde buscava resolvê-la; mas surgiu junto a mim um Espírito que calou seu nome, mas deu-me a solução mais racional e científica da questão. Depois acrescentou rindo-se: *"Prestei-te um serviço e exijo outro: vai à sessão para que foste convidado"*. Era justo; fui.

Poderia citar ainda muitos fatos, mas creio que basta por agora.

* * *

Um caso de clarividência e outro de psicografia

Reformador, julho de 1886

O fato seguinte deu-se com um sacerdote da Corte: em uma sessão espírita, declarou o médium F. que viu uma alcova pouco iluminada e junto a uma mesa pobre a qual se achava um crucifixo, um sacerdote de joelhos e como adormecido em profunda meditação. Depois acrescentou, é o padre. No dia imediato, um amigo encontrando-se com o referido sacerdote, perguntou-lhe o que estivera fazendo a tal hora da noite última, e ele respondeu-lhe: "*Não sei o que tinha ontem; pensava em todos esses fatos extraordinários de que tenho ouvido falar com tanta insistência; estava realmente entregue a uma luta tremenda. Comecei a ler o Evangelho, e com a mente fixa na imagem de Cristo, que tenho em frente ao meu leito, adormeci*".

Temos aí um fato de transporte do Espírito do médium à câmara do sacerdote, dando a este a prova que ele pedia, de poderem os Espíritos ver e ouvir o que se passa em lugares afastados, uma prova de comunicação dos Espíritos livres do corpo com os encarnados; visto que se um Espírito ainda preso no corpo pode se desprender e ir entrar em relação com um outro, com mais razão o poderão os que já não têm um corpo.

* * *

Um irmão nosso, cavalheiro distinto, achava-se em casa de uma senhora da nossa melhor sociedade, cujo nome não temos autorização para declarar, tão ilustre pelo seu nascimento, quanto por seu Espírito elevado, quando a conversação caiu sobre o Espiritismo.

Essa senhora, que tinha já por várias vezes se manifestado contra a Doutrina, discutia então com animosidade e negava tudo o que o cavalheiro trazia a campo para convencê-la.

— Todas as vossas assembléias e convocações não são mais do que embustes para apanhar os incautos - dizia ela.

— Mas minha senhora, é um fato que V. Exª. pode averiguar muito facilmente. Permita-me evocar o Espírito de qualquer pessoa do seu conhecimento.

— Aqui na minha sala?!... Pois seja; tenho tanta certeza de dissuadi-lo de uma doutrina ridícula e desfrutável, que consinto.

— Queira tomar uma pena - e dizendo isto, o cavalheiro colocou sobre a mesa uma folha de papel em branco: — Que espírito deseja V. Exª. que eu evoque?

— Há seis meses perdi um filho que adorava; seja este.

Começou então o cavalheiro a fazer a evocação, e a senhora, apesar da extraordinária resistência que opunha, sentiu uma força superior impelir-lhe o braço. Momentos depois, lançando os olhos sobre o papel leu: "*Estou presente*".

Fez-se a senhora pálida como um lençol, um calafrio percorreu-lhe o corpo, reconhecendo que a letra era rigorosamente a de seu filho.

Levantando-se subitamente disse:

— Retire-se cavalheiro. Estou horrorizada; receio enlouquecer - e, muito perturbada, entrou para os seus aposentos.

Aos que duvidam e combatem o que não conhecem, diremos: fazei como ela, experimentai e colhereis provas inesperadas.

* * *

Influência dos Espíritos

Reformador, outubro de 1886

Em um dos nossos últimos números, falamos da mediunidade vidente da sra. E., que reconhece e descreve perfeitamente os Espíritos daqueles que, perturbados, acompanham à sua última morada o corpo que lhes serviu de instrumento na vida.

É da mesma ordem a faculdade da sra. V., esposa de um distinto irmão nosso em crença e também residente no mesmo arrabalde desta cidade.

Ultimamente, estando ela à janela, viu passar um enterro; e como houvesse então grande movimento de carros, o enterro teve que parar, ficando o carro fúnebre um pouco distanciado dos do cortejo. Nesse intervalo, viu a referida senhora o Espírito de uma moça entregue a grande perturbação, olhando espantado para todos os lados, como se procurasse reconhecer o lugar em que se achava. Nesse ínterim, um pobre trabalhador, trazendo ao ombro a sua ferramenta, tentou atravessar a rua, e chegou até o lugar em que o Espírito se achava, mas sem que algum motivo aparente lhe tolhesse os passos, ele desse ponto recuou e foi executar seu trajeto um pouco abaixo.

O que teria experimentado esse homem no contato do Espírito que ali estava? Os Espíritos nos influenciam muito, mesmo sem sabermos. Quem nos diz que desse contato não nasceu no nosso homem o pensamento na morte, e a idéia de uma profanação segundo os princípios supersticiosos dos homens dessa classe?

O certo é que ele não pôde passar pelo lugar onde estava o Espírito.

* * *

É tempo de nossos amigos precaverem-se; a luta se empenha gigante em todos os terrenos.

Para prova vamos contar o seguinte acontecido entre dois amigos, ambos médiuns desenvolvidos e, portanto, em condições de compreenderem o que se passava.

Encontravam-se os dois amiudemente e, mal se afastavam, a ambos se manifestavam Espíritos de muito pouco adiantamento, fazendo-lhes lembrar tudo o que tinha os ocupado na sua conversa, mas evocando e interpretando tudo, palavras e gestos, de modo a despertar a antipatia e o ódio entre os dois.

Dirão, sem dúvida, que nisso está o perigo do Espiritismo, mas nós responderemos que todos somos mais ou menos médiuns, que os Espíritos não estavam somente sobre aqueles que cultivam a ciência espírita, ao contrário, sua ação é mais fácil sobre aqueles que não conhecem essas relações com os desencarnados.

No fato, eles conheciam donde lhes vinha a sugestão; ao

passo que muitos outros são vítimas dela, sem conhecer de onde lhes vem.

* * *

O equívoco do Espírito

Reformador, dezembro de 1886

Em dias do ano de 1883, em um grupo espírita que trabalhava nesta Corte, à Rua Bella de S. João, manifestou-se por um médium sonâmbulo um Espírito, que os médiuns videntes atestaram ser um velho, de pequena estatura, totalmente desconhecido.

Entre o evocador e o Espírito, por intermédio do sonâmbulo, empenhou-se o seguinte diálogo:

— Podemos saber o nome da pessoa que nos procura?

— Querem brincar? Pois é possível que aqui alguém me não conheça?

— Não te conhecemos, e, talvez estejas equivocado sobre o Centro em que te achas.

— Cresci e envelheci no Porto, não creio que alguém aí desconheça o velho F.

— Eis o teu equívoco; supõe-te no Porto, quando te achas no Rio de Janeiro.

— Está bem; já vejo que caí no centro de uma tropa de trocistas que querem divertir-se.

— Não creias; somos amigos que, sem conhecer-te, queremos fazer-te um benefício. Poderá dizer-nos a época em que nos achamos?

— Vós não me pareceis maus; brincam e eu quero ver onde desejam chegar; estamos em março de 1841.

— Te iludes; tens aqui uma folha diária (mostrou-lhe um jornal do dia) e nela vês Rio de Janeiro, 15 de outubro de

1883.

— Que importa isso? Vós sois magníficos e me fazem ver o que querem que eu veja.

— Não te lembras de ter estado gravemente enfermo?

— Sim, muito enfermo, tive uma síncope, estive algum tempo alheio a tudo; mas depois acordei completamente bom, e nunca mais sofri coisa alguma.

— E depois disso não notaste diferença alguma nos teus amigos e parentes?

— Ah, sim; tocaram no essencial e quero que digam o que é isso. Depois de minha moléstia tudo mudou; os meus empregados já não me respeitam, nem contam mais comigo; meu filho dispõe de tudo, sem se importar com o que lhe digo; e eu por mais de uma vez tenho estado resolvido a mandar todos para a rua e a chamar gente nova.

Embalde procurou-se convencê-lo de já não ser da Terra; ele ria-se e dizia que queríamos brincar.

Pediu-se auxílio dos protetores; e os videntes atestaram que ele recuava-se, espantado, à vista de um velho sacerdote que se aproximava e lhe tomava as mãos.

Depois de estarem juntos por algum tempo, disse o Espírito pelo médium: *"Estou confuso, vou pensar. Este sacerdote foi um amigo meu, cura de minha freguesia, morto há já muitos anos. Vou com ele e depois voltarei. Pedi a Deus por mim".*

Indagou-se de pessoas que tinham vivido ao Porto e disseram havê-lo conhecido muito e que de fato ele tinha falecido em 1841.

É um desses fatos de perturbação que acompanha ao Espírito depois da morte, quando sua vida terrena foi muito dominada pela idéia dos bens mundanos.

* * *

Tramas do destino

Reformador, dezembro de 1886

Vivia aqui nesta Corte um homem de pouco ou nenhum cultivo intelectual, mas que, por seu trabalho, tinha conseguido a abastança. Casado, viu ele algum tempo depois sua mulher começar a sofrer de um mal estranho, com cuja origem a ciência oficial não podia atinar. Era um mal nervoso, diziam, e disso não se saía.

Já muito se havia gasto inutilmente com o seu tratamento, quando o marido convidou alguns espíritas para ver o que era aquilo.

A causa do sofrimento ficou logo sabida; um Espírito vingativo e mau obsedava a pobre senhora, fazendo-a praticar os maiores desatinos. Convergiram então todos os esforços para convencer a esse Espírito perturbado do mal que estava fazendo a si mesmo e a uma irmã sua.

Foi longa a luta, mas o Espírito obsessor se foi convencendo da verdade do que lhe diziam; foi-se acalmando e, afinal, um dia disse ao médium sonâmbulo:

"Sei que estou comprometendo o meu futuro e vou afastar-me dessa infeliz. Convém, porém, que eu lhes diga porque atormentei-a. Viveu em Espanha um fidalgo rico de antiga linhagem, que um dia, deslumbrado pela beleza de uma pobre mulher de origem plebéia, rompeu com todas as conveniências sociais, com todos os prejuízos da nobreza e levou-a até a si, fazendo-a sua esposa.

Pouco tempo depois, sabeis o que fez esta mulher?

Traiu aquele que lhe havia sacrificado tudo; e quereis saber com quem? Com seu próprio lacaio.

Ferido profundamente, o marido assim aviltado não pôde resistir ao golpe, nem puni-los; faleceu.

Quantos anos vagou ele pelo espaço à procura dos culpados, não vos posso dizer.

Afinal, porém, encontrou-os já em nova encarnação, já com outros corpos e ligados como marido e mulher.

O fidalgo ofendido fui eu, e a mulher é essa mesma porque tanto pedistes, e o lacaio é o seu marido atual".

Alguém dirá que escrevemos um romance. Nós, porém, só dizemos que, desse dia em diante, a senhora ficou totalmente curada.

* * *

Um conselho

Reformador, dezembro de 1887

Subia o sol para o Zenith ou descambava para o poente?

Não o posso dizer. Era impossível descobri-lo através do espesso mundo de nuvens que nos impedia a vista do firmamento. A revolta dos elementos se patenteava formidável nos céus e na terra. Relâmpagos medonhos vinham ainda aumentar o belo horrível desse cenário, onde se ia representar a tragédia de um naufrágio em que tantas esperanças tinham de evaporar-se, tantas vidas de encontrar um termo inesperado, tantas ilusões de desaparecer ante a fria realidade do nada nas grandezas humanas.

Eu me vi transportado a uma praia deserta de ilhota desconhecida, perdida na amplidão do oceano. O mar traçava-se furioso sobre os rochedos, cuspindo-lhe em face sua escuna. Por toda parte eu via desordem, por toda parte a imagem de seres primitivos.

De repente, avisto ao longe uma massa negra, joguete das ondas, impelida pelo vento da tormenta para longe da terra. Era um barco a vapor, mas já sem leme, com as rodas inutilizadas, os mastros caídos e totalmente privado de todos os meios de lutar com o seu enfurecido adversário.

A luta não foi longa. O casco inclinava-se sob a ação das ondas e dos ventos de um modo assustador. Uma montanha líquida escondeu-o às minhas vistas e quando ela baixou, nada mais aparecia na superfície do mar. Eu via, antes da submersão, centenas de infelizes, desvairados, loucos, implorando um auxílio que os homens não podiam prestar.

Quando o navio desapareceu, soou perto de mim um grito de angústia. Voltei-me e vi dois homens: um já idoso, fitava o lugar da catástrofe; o outro, moço e belo, dessa beleza dos anjos, fitava seu companheiro e procurava consolá-lo.

"Por que te mortificas?", dizia ele. *"Acusa-te a consciência? Não fizeste o que era humanamente possível para salvar aqueles que tinham sido confiados à sua perícia?"*. *"Sim"*, respondeu o mais idoso. *"Tenho a consciência de haver feito o que era humanamente possível; mas por que há de essa visão seguir-me por toda parte?*

O naufrágio já se deu há dias e eu o vejo sempre presente; ouço os gritos, os gemidos, as impressões dos moribundos; e sinto uma dor imensa por lhes não poder ir em auxílio. Às vezes, ouço uma voz fraca, que diz de longe: ´Fizeste o que pudeste na hora do perigo; mas homem prático nas coisas do mar, nada notastes que se fizesse reconhecer a temeridade de tua partida do último porto?´ Penso e reconheço que alguma coisa me pressagiara essa desgraça; mas o que fazer? Seria desacreditar-me aos olhos do mundo, seria perder uma reputação conquistada com tanto trabalho".

O moço sorriu-me e disse: *"Eis o orgulho! Eis mais um sacrifício feito à vaidade do mundo"*. Mas deixemos isso. Esses quadros que obsedam têm por fim fazer os estudos a tua conduta neste último ato de tua vida; que reconheças o mal que fizeste para repará-lo e evitá-lo em idênticas condições. Não creias que ali tenha havido vítimas inúteis. Todos que ali sucumbiram tinham de passar por essa prova; morrer de morte violenta. Todos progrediram, todos ganharam. A morte não é um mal senão para aquele que, rebelde, põe um termo voluntário à sua vida. Verás que todos esses que supões infelicitados por essa catástrofe, reconhecem ou reconhecerão um dia que ela foi necessária e útil ao seu progresso.

* * *

Manifestações de um encarnado

Reformador, fevereiro de 1888

Não é impossível a manifestação de um Espírito ainda preso ao corpo, ainda sujeito de contingências da vida de relações; mas também precisa que haja condições a essas manifestações.

É preciso que o manifestante esteja em condições especiais, como as que se dão quando o corpo dorme ou está muito enfraquecido pelas enfermidades. Entre alguns fatos que conhecemos dessa ordem consta-nos o seguinte:

Há dois anos faleceu nesta Corte, d. Maria Balbina da Conceição Baptista*, respeitável senhora e crente confessa do Espiritismo. Dois dias antes do seu passamento, estando perfeitamente acordado, viu o nosso amigo, dr. E. Quadros, um Espírito com a forma perfeita dessa senhora e, supondo que o seu passamento já se tivesse efetuado, dirigiu-lhe a palavra aconselhando-lhe resignação pela sua separação dos entes queridos com quem convivera; ao que ela respondeu que bem sabia o que isso era.

Desapareceu; aqui o importante fato: à mesma hora, já muito fraca, a enferma despertou, dizendo à sua filha: *"Estive agora mesmo conversando com o dr. G"*. Apenas trocara o nome.

Foi somente dois dias depois que teve lugar o seu desprendimento.

---

* *N.R. (JDM) - Sócia fundadora da FEB.*

* * *

Conto sem pretensão

Reformador, fevereiro de 1888

Sempre senti uma invencível repugnância à vista de um cadáver. Se eu fosse um médico, creio que nunca aceitaria o encargo de fazer uma autópsia; mas, não tenho remédio senão lembrar-me deles para oferecer-vos este conto.

Não vos posso determinar a cidade em que me achava, mas isso não influi na moralidade do fato.

Ei-lo:

Eu me vi transportado a uma pequena sala, forrada de mármore, em cujo fundo havia um altar com uma imagem do crucificado de tamanho natural.

Ao longo das paredes, corria uma fileira de mesas da mesma pedra, com pés de ferro, todas com as cabeceiras para a parede e os pés para o centro da sala.

Sobre uma dessas mesas achava-se o cadáver de uma mulher; e ao lado dele um homem ainda moço, um médico, fitava-o como nele querendo ainda surpreender algum sinal de vida.

Ele se cria só; mas recostado no altar eu vi um ancião respeitável, trajando a toga de médico.

Seus longos cabelos crespos e brancos emolduravam uma fronte vasta, e em todos os seus traços fisionômicos se liam as provas iniludíveis de uma alma enérgica e boa. Era um habitante do Espaço. Seus olhos fitos no médico pareciam estar lhe sugerindo algum pensamento, contra o qual este retrucava.

Afinal, olhando para todos os lados, para ver se alguém o observava, corando como se estivesse cometendo um crime, o jovem colocou uma das mãos sobre a fronte do cadáver e outra sobre o peito, na altura do coração. Seus olhos se fixavam no crucificado. Passaram-se 10, 15, 20 minutos; mas então ele colocou o ouvido sobre o peito na altura da mortal. Teria surpreendido algum sinal de vida nesse corpo que ia ser sepultado? Sim, ligeiras contrações no canto da boca e alguns estremecimentos nas pálpebras. Ele ergueu-se, tomou a sua primitiva posição, mas no seu semblante se lia perfeitamente a esperança do triunfo. A mulher abriu os olhos, seu coração pulsava, estava viva.

Depois conduziram-na dali e o médico retirou-se também.

Então ouvi o velho dizer: *"Infelizes os que sacrificam tudo aos preconceitos sociais! Vistes este homem que acaba de conseguir uma cura tão bela? Pois ele tem vergonha do seu triunfo, pensa em ocultá-lo, porque receia que o chamem de charlatão. Que luta tive de sustentar com ele para resolvê-lo a salvar aquela pobre! Venceu! Vencemos! Deus se apiedou deles"*.

Todas as idéias novas são mal recebidas pelos homens; todos que se incumbem de propagá-las têm sido e serão expostos aos sarcasmos dos que não querem caminhar, por isso Deus dará muito àqueles que buscam fazer o bem, sem ligar importância a esses tropeços que tentam impedir-lhes a marcha.

Trabalhai, trabalhemos. A verdade há de triunfar.

* * *

Fenômenos de vidência

Reformador, junho de 1888

A 14 de abril último, sabendo-se o sr. F. vidente, de visita em casa do sr. major Q. Porto, pediram-lhe que visse se na sala se achava algum Espírito. O médium descreveu a princípio alguns, que foram perfeitamente reconhecidos pelos presentes.

Depois falou no Espírito de uma menina, que ali se achava também e cuja identidade foi reconhecida, porque uma senhora que ali estava pediu que esse Espírito desse um sinal que confirmasse ser ela mesma quem se apresentava e o Espírito levou logo a mão à boca como chupando o dedo, costume que tivera em vida, como a senhora afirmou.

Note-se que essa menina nascera no interior da Bahia e que o médium nunca a vira nem dela ouvira falar.

Afinal apresentou-se o Espírito de uma senhora idosa, baixa, envolvida em um chale verde-escuro e com um penteado de pastinha, outrora muito usado.

Pediram-lhe um sinal que a pudesse reconhecer e ela mostrou um rosário e uma caixa de rapé.

Em vão deram tratos à memória, os ali presentes não puderam saber quem era esse Espírito. Então, o mesmo Espírito da menina que lhe falamos acima pediu que esperassem.

O sr. Porto escreveu para a Bahia contando o que se passara em sua casa no dia 14 e dando todos os sinais do Espírito que aí se manifestara. Seu irmão respondeu-lhe que os sinais eram de d. F., falecida dia 8, isto é, seis dias antes daquele em que se manifestara na Corte.

Sua morte era aqui ignorada e por isso não se pôde na ocasião saber quem era.

Ainda, como prova de sua identidade, apresenta-se o fato de haver sido ela madrinha da menina, cujo Espírito vinha com o seu.

São fatos dados em tais condições que é impossível atribuir-se a uma alucinação.

O médium nunca foi no interior da Bahia, nunca ouviu falar nos Espíritos que se manifestaram e na ocasião nenhum dos presentes pensava neles, esperando que o médium lhes denunciasse a presença de outros com quem tinham tido nesta vida relações íntimas de parentesco.

* * *

Reencarnação

Reformador, setembro de 1888

Pelos anos de 1810 a 1820, vivia na capital do Estado do Maranhão um homem já idoso que tinha a mania de supor-se sacerdote e andar pelas esquinas e pregar sermões quando lhe pediam. Suas prédicas desconexas e sem sentido denotavam logo o desarranjo de suas faculdades mentais. Era um louco inofensivo, conhecido pela alcunha de José Boi, com o que ele não se dava por ofendido. Depois ele desapareceu, sem dúvida prostrado pela morte, quando terminada sua provação.

Quando ultimamente eu trabalhava no acampamento da Comissão Telegráfica de Uberaba a Corumbá, manifestou-se um Espírito do filho de um amigo meu, que havia desencarnado em 1850, depois de uma curta existência de cinco anos.

Ao vê-lo aproximar-se o reconheci logo, mas notei que seguiam-no de longe outros a provocá-lo dizendo: *"É filho de José Boi"*. *"Eles brincam"*, disse o Espírito; *"não são inimigos; querem me obrigar a falar. Eu não fui filho de José Boi; fui ele mesmo. Foi uma encarnação necessária e por mim mesmo pedida para lavar-me de faltas muito sérias cometidas em uma precedente. Eu tinha sido um sacerdote inteligente e estudioso.*

Meu pensamento, porém, não se coadunava com as interpretações que os homens da Igreja davam aos ensinos do Evangelho. Faltava-me, então, uma crença forte, para que eu pudesse romper com as idéias da classe a que pertencia e somente pregasse aquilo que me ditava a minha razão, esclarecida pelos estudos que fizera na vida livre do Espaço. Eu pregava contra a minha vontade e ensinava aquilo que não podia crer.

Depois da provação tremenda por que passei, meus remorsos cessaram. Encarnei-me de novo e morri muito criança. Deus sabe o porquê. Hoje estudo, creio e espero caminhar".

* * *

Coisas da mediunidade

Reformador, setembro de 1888

Há cerca de três meses, dr. M., espírita convicto, vidente e psicográfico, achando-se à noite só em seu gabinete, viu aparecer à janela, do lado de fora, um Espírito trajando roupas de uma irmã de caridade. O médium firmou a vista, supondo ser uma ilusão, mas o Espírito, em vez de fugir, desenhou-se mais claramente de modo a ficarem suas feições gravadas na mente do médium. No dia imediato, comunicou ele o fato ao nosso comum amigo dr. E. Q., pedindo que evocasse esse Espírito, sem, todavia, lhe dar sinais.

Nessa noite, respondendo ao pedido, o Espírito se manifestou em casa do dr. Q, e depois de aconselhado, disse que não queria fazer mal, que alguém o mandara. Verificou-se que os sinais todos combinavam e, portanto, que era o mesmo Espírito que se tinha manifestado nas duas casas.

Dias depois, na praça do coronel Tamarindo, dr. M. encontrou duas irmãs de caridade, das quais uma era a imagem fiel do Espírito que lhe havia aparecido.

Dr. M. parou maravilhado, e a irmã passando, fixou-o muito, como buscando reconhecê-lo.

Não é um fato novo, mas deve ficar consignado, porque tem grande importância na propaganda das nossas idéias.

No *Lumen,* de Barcelona, edição de junho, conta o seguinte o sr. Pedro Engel, presidente da União Espírita de Liège:

Poucos dias antes da desencarnação de seus dois filhos,

tinham estes ido à feira de Liège e aí pediram para deixar que se retratassem no barracão de um fotógrafo ambulante que ali havia. Acedeu e eles entraram sós. Impressionado o primeiro clichê, mostrou-se o artista muito contrariado, dizendo que os meninos se tinham movido, pois em vez de duas, apareceram três figuras.

Prestou-se ele ainda a fazer segunda e terceira tentativas, mas sempre com o mesmo resultado.

À vista disso, ele, contrariadíssimo, mandou embora os pequenos. No dia seguinte, foi o sr. Engel procurar o fotógrafo para comprar-lhe os clichês, mas ele já os havia partido. Poucos dias depois, os dois meninos deixaram a Terra.

* * *

*Relatos de Suetônio**

Reformador, outubro de 1888

A mediunidade não é uma coisa nova: em todos os tempos, os Espíritos estiveram em comunicação com os homens, dando-lhes avisos e conselhos por meios mais ou menos patentes.

Suetônio, historiador latino que viveu no primeiro século de nossa era, na sua *História dos Césares*, conta que em Valistri, onde nasceu o Imperador Augusto, ninguém podia penetrar sem pavor no quarto onde ele viera ao mundo; e que um sujeito, tendo comprado essa casa, e por ignorância se alojando nesse quarto, foi suspenso com o seu leito por uma força desconhecida e colocado meio morto fora da porta.

Conta, ainda, que Augusto, sentindo-se muito incomodado, resolvera não tomar parte na batalha de Philipe,

* *N.R. (JDM) - Gaius Suetonius Tranquillus, Roma (69 d.c. – 141 d.c.).*

onde suas forças iam medir-se com as de Brutus e Cássio; mas que um sonho de um amigo seu fê-lo abandonar sua tenda e ir juntar-se às legiões. Pouco depois, os soldados penetraram em seu acampamento e crivaram de golpes a liteira em que ele teria querido conservar-se.

Diz ele ainda que Q. Catulus, depois de ter feito a dedicatória do Capitólio, viu em sonhos um menino nos braços de Júpiter, o qual lhe disse que ali estava o sustentáculo da República, e que no dia imediato Catuína, encontrando o menino que depois chamou-se Augusto e que ele via pela primeira vez, sentiu-se muito impressionado, reconhecendo aquele que lhe haviam mostrado em seu sonho.

Não há, pois, motivo para se bradar tanto contra a crença nas aparições, nas manifestações dos Espíritos; elas se deram sempre e são atestadas por homens de grande importância científica e social.

A diferença consiste, hoje, em podermos explicar o que eles admitiam sem compreender.

* * *

O sr. Manoel Leite Raposo, que há pouco começou a estudar o Espiritismo, possui as mediunidades de vidência e psicografia, mas, pela novidade, acredita sempre que tudo o que obtém vem de si mesmo e não de um ser invisível. Ultimamente, porém, em uma sessão, obteve ele uma longa comunicação escrita, na qual o Espírito descrevia com todas as particularidades a sua última vida terrena, cheia de lutas, de desfalecimentos e quedas, terminando pela assinatura do nome que tivera.

Tinha o médium acabado de ler o trabalho que obtivera sem falar na assinatura, quando um dos presentes disse em voz alta:

– Eu conheço uma senhora falecida há poucos anos, com que se deu tudo isso; parece que quiseram escrever a sua história. Chamava-se M.

Era exatamente o mesmo nome que assinava o trabalho e que pertencera a uma pessoa em que nunca o médium ouvira falar.

* * *

Fenômenos notáveis de vidência e audição

Reformador, janeiro de 1889

Nos fatos que abaixo mencionamos, os fenômenos foram tão acentuados que aqueles em que se deram, confundiram as aparições com seres ainda encarnados.

O capitão T. criara um menino a quem votava muita afeição. Esse menino crescendo, tornou-se pouco criterioso e, afinal, ausentou-se de casa e foi alistar-se no corpo da polícia de Niterói. A senhora do capitão T., que estimava-o como a um filho, pediu ao seu marido que o recomendasse, a fim de não vê-lo sofrer em conseqüência de suas criancices. Demorou-se o capitão T., por causa independente de sua vontade, em satisfazer o pedido, mas uma noite resolveu-se a ir no dia imediato a Niterói. Ao amanhecer, despertou ele, vendo diante de si um homem desconhecido, trajando roupas negras o qual lhe disse:

– Não precisas mais ir a Niterói.

O capitão T. estava plenamente acordado. Assaltou-lhe então uma idéia triste: foi à capital da província, dirigiu-se ao corpo policial e na sala mortuária foi ver o cadáver do seu protegido.

* * *

Dr. E., médico muito conceituado nesta Corte, estando em

uma tarde recostado em um sofá no seu gabinete de consultas, viu aproximar-se de si um menino sorrindo: sentou-se, fitou-o e reconheceu o seu filhinho que já havia falecido.

— Que queres? - perguntou-lhe.

— Vim te ver e agora vou abraçar a mamãe - e saiu correndo.

O doutor não é espírita e estava perfeitamente acordado.

* * *

Há pouco tempo, o sr. R, adepto do Espiritismo, achou-se em sérios embaraços por prejuízos em seus negócios. Um de seus credores perseguia-o de um modo que o fazia perder a cabeça. Um dia, encontrou ele um homem que lhe era totalmente desconhecido e que lhe disse:

— Espere-me aqui, eu vou arranjar os seus negócios com fulano.

Nunca mais viu ele o seu misterioso protetor, mas o intransigente credor não mais o incomodou.

* * *

Há poucos meses, o sr. M., já bastante idoso e pobre, estava com uma senhora lamentando-se sobre o seu infortúnio, em uma casinha alta, em um dos arrabaldes desta Capital, quando assomou-lhe à porta um velho, que eles há anos haviam visto, que aconselhou-os resignação e confiança em Deus, e depois desapareceu.

Passada a primeira impressão, o sr. M. correu à porta, mas embalde lançou as vistas para todos os lados, não mais o descobriu. Então perguntou ele a um vizinho de sua fronteira, que se achava em sua porta, se não vira que rumo levara o velho que saíra de sua casa, e o vizinho respondeu-lhe

— Há meia hora que aqui estou e afianço-lhe que ninguém

passou pela sua porta.

* * *

*Um caso com Luiz Gama**

Reformador, outubro de 1891

Luiz Gama

Senhores redatores do *Reformador* - Como me parece conveniente à propagação da Doutrinaquecomtantobrilhantismo tem sido sustentada na imprensa, envio-vos a narração do seguinte fato de mediunidade sonambúlica e de vista, acontecido há alguns anos com o sr. capitão Gracho da Gama, hoje nosso confrade e, então, menino de 12 anos. Tendo ido a Santos em companhia de seu pai, o bem conhecido compatriota Luiz Gama, a alta hora da noite, o menino Gracho ergueu-se do leito e num acesso de sonambulismo, e tomando-se de um revólver que se achava sobre uma mesa, acordou seu pai e a todos que se achavam na mesma casa gritando que os ladrões os vinham atacar e que à frente destes ele via um homem de cabelos brancos.

Foi difícil acalmar o menino, provando-se que aquilo era um sonho. Pois bem, nesse mesmo dia e nessa mesma hora, a casa da sra. de Luiz Góes, na capital de São Paulo, era assaltada por salteadores que fugiram deixando no lugar uma cabeleira branca, com que um deles tinha desfigurado.

* *N.R. (JDM) - Luiz Gonzaga Pinto Gama (Salvador, 1830 – São Paulo, 1882). Líder do Movimento Abolicionista Paulista.*

* * *

Reminiscências

Reformador, junho de 1893

Era noite. Longe do bulício das cidades, em um lugar ermo, à margem do Ribeirão do Lageado, ao sul de Minas, eu me achava só, mergulhando em profunda meditações sobre as agitações que estavam perturbando a marcha regular do meu país para o ponto que a Providência lhe parecia haver destinado, pelos tesouros que tão profundamente lhe derramou no seio. *"Sim"*, dizia eu comigo mesmo, *"neste país tudo é grande, só o homem é mesquinho e mau"*.

"É a luta, meu amigo. Não é só no seu país que ela divide os homens. Em toda a parte se está dando o mesmo. As ambições, os ódios recalcados a tantos séculos, despertam-se e produzem o abalo formidável, que vai fazer desmoronar o velho mundo, de cujos destroços deverá surgir uma sociedade nova". Era um Espírito que me falava. Representava um homem de idade, que não me lembro de ter visto nesta vida. *"Não creias"*, continuou, *"que seja só entre os encarnados que todas as agitações se estejam dando. O choque das crenças divide os Espíritos, a luta medonha também se trava no Espaço entre os sectários dos cultos antigos e os sustentadores do Cristianismo do Cristo. O apego às grandezas do mundo arrasta muitos desses infelizes, que na Terra se diziam continuadores dos Apóstolos de Jesus, a lançarem-se cegos e furiosos sobre os que eles chamam seus inimigos, buscando obsedá-los como faz o Espírito mau que eles tinham por missão afastar dos homens. Fixa tua vista ao Alto e sê testemunha do que se passa"*.

Esse foi o triste quadro que se me apresentou. Um silêncio de morte envolvia tudo. Sobre o fundo azul do céu, iluminado pelos raios do plenilúnio, eu vi uma nuvem branca e, de pé sobre ela, com os olhos erguidos, a figura de um padre, cuja fronte era rodeada por uma auréola de luz branca muito fraca. A nuvem subiu com a figura até desaparecer.

"*É um quadro fluídico,*" continuou o Espírito, "*representando a partida, há bem pouco verificada, de um Espírito que foi cumprir sua pena em um mundo inferior a este, donde só voltará quando, contrito e arrependido, tiver completamente rompido com o seu passado. Ali vai uma vítima do orgulho e da ambição do poder. Ocupou na Terra o ponto mais elevado da hierarquia clerical e, depois de quatro séculos, não quer, ainda hoje, convencer-se que a sua missão terminou com aquela sua encarnação. Aquela auréola que lhe cerca a fronte é um sinal para que ninguém o perturbe, para que todos respeitem o penitente que passa*". "*Não poderei,*" perguntei, "*saber o mundo para onde vai?*". "*Aquele Espírito que ali vem, vo-lo dirá. Foi um amigo teu*".

De fato, aproximava-se o Espírito de um homem que eu conhecera nesta vida, mas que ignorava se já tinha deixado o corpo. "*Bem mais que a Terra,*" disse ele, "*próximo do Sol, abrasado nos fogos emanados da gigantesca fonte de calor do nosso sistema planetário, rola um planeta onde a influência do clima, o predomínio da matéria e a brutalidade dos habitantes, dominados por paixões violentas e ferozes, tornam a existência penosa, principalmente para o Espírito que já viveu em melhores condições. É aí que vão encontrar um freio aos seus desmandos, uma punição às suas faltas, os Espíritos que aqui se mostram renitentes em seus desvios da lei do amor. Mercúrio é 18 vezes menor que a Terra. Seu ano conta de 88 dos nossos dias. A rarefação de sua atmosfera facilita a irradiação do grande calor que ele recebe durante o dia, tornando suas noites extremamente frias. As abundantes e pesadas nuvens que o rodeiam se resolvem sempre em chuvas torrenciais. Tanta umidade e tanto calor fertilizam o solo e cobrem-no de imensas e sombrias florestas, habitação de algumas raças que, de envolta e em luta contínua com as feras, dão aí os primeiros passos na senda do progresso. O corpo humano, formado de modo a resistir às mudanças bruscas dessa temperatura, é de uma matéria cerca de três vezes mais densa que a nossa. Em proporção, os sentidos são menos apurados e a inteligência se desenvolve em círculo mais estreito. As paixões são violentas e tornam essa morada um verdadeiro inferno.*

Além das raças que eu já falei que vivem nas brenhas, miseravelmente assimilando-se aos mais embrutecidos dos nossos selvagens da Terra do Fogo, há duas outras das quais a mais inteligente e que dispõe de melhores elementos para progredir é a mais fraca e vive sempre sob a pressão do medo, perseguida pela outra, feroz e sanguinária. É o domínio opressivo da força bruta que há de forçar a raça submetida a progredir, arrastando consigo seus opressores de agora. A raça hoje dominante tem a pele negra azulada, seus corpos são grandes e musculosos, e melhor contornados que os dos outros; a mais inteligente tem a cor vermelha dos nossos Tapuias, são feios, de uma constituição mais fraca. Encarnados na raça inteligente, é sob a impressão do terror que vão progredir ali os expatriados da Terra que supunham nada haver acima deles.

Eu vivi ali longos anos, expiando as faltas graves de um passado que já quase me tem desaparecido da memória, e que eu só recordo porque vejo que nele pode haver uma lição para os homens que buscam cegamente castigar aos que os ofendem, sem pensar no que fariam se estivessem em lugar destes.

Nos tempos em que, minada por intensa corrupção, a velha república romana vacilava sobre os seus alicerces, eu tive uma encarnação que foi para mim a fonte de muitos sofrimentos. Eu era um velho centurião e tinha um casal de filhos a quem amava e que, arrastados na corrente da corrupção da época, abandonaram-me para se entregarem livremente aos excessos de paixão criminosa que os ligava. Morri de dor e fui para eles um obsessor sem piedade.

Correram os tempos e encarnei-me na Judéia, no seio de uma família tornada notável, então, por suas dissensões e sua desmedida ambição de poder. A intriga e a astúcia me deram um trono, e o temor de perdê-lo lançou-me uma série de faltas, que foram depois para mim a fonte de muitos sofrimentos. A história chamou-me de Herodes, o Grande, que devia chamar-me de Herodes, o Louco.

Ferido, mesmo em vida, por tremenda obsessão, dominado sempre por mulheres rancorosas e vingativas, enfraquecido pelo veneno que lentamente me propinava, um homem que vivia junto a mim e abusava de minha confiança (reencarnação do Espírito que fora meu filho na vida precedente), o mundo me odeia ainda hoje, sem tentar temperar esse ódio por algum sentimento de compaixão.

Meu gênio era mau, minhas faltas foram grandes e Deus me não teria punido tão severamente se eu o não tivesse merecido.

*Ainda atiram sobre a minha memória a falta do morticínio dos inocentes. É um erro que convém corrigir. Herodes morreu três anos antes do nascimento do Cristo. Foi seu filho, Herodes Archelau, quem cometeu essa falta, que expiou bem amargamente, mas que hoje, encarnado na Terra, caminha redimido para Deus.**

Depois de minha volta, tive outras encarnações e hoje, domado pelo sofrimento e crente na justiça infinita, vou também seguindo em busca da luz e do progresso".

* * *

Uma visita a Urano

Reformador, setembro de 1893

No *Banner of Light* de julho último, o sr. J. Sawyer, de Denton, publicou uma mensagem recebida psicograficamente do mundo espiritual que com todo gosto traduzimos. Ei-la:

"Chamo-me Eliza Voyans. Meu nome de donzela foi Pierpont. Nasci de pais franceses, em Marselha (França). Vivi trinta e dois anos na Terra e há quarenta anos que estou no Espaço.

Estava ainda encarnada quando a filosofia espírita aí apareceu, e com ardor dediquei-me ao estudo, porque ela era a incorporação das minhas idéias.

Era católica, porque muitos dos ensinos da Igreja me pareciam belos e verdadeiros, ainda que outros não me satisfizessem por julgá-los errôneos. Eu não podia admitir que as rezas, as confissões, nos limpassem dos nossos pecados, o que me parecia só poder ser

* *N.R. (JDM) - Novas pesquisas apresentam outra datação para os fatos. Herodes morreu em 4 a.C. Jesus se manifestou ao mundo em 7 a.C. Arquelau foi etnarca da JUDÉIA (Mt. 2:22) entre 4 a.C. e 6 d.C.*

conseguido pelo arrependimento e firme desejo de corrigir-se. Eu não cria que Deus, Cristo e a Virgem, tão santos, tão puros e compassivos, só nos dessem a salvação a troco de abjeções. A crença na nossa responsabilidade tinha toda a minha aprovação.

Muito ganhei, depois, trabalhando no Espaço, visitando outros mundos.

Quero falar-vos da visita que fiz há dois dias ao planeta que conheceis pelo nome de Urano, mundo tão afastado da Terra que o engenho do homem ainda não pôde obter rigorosas informações a seu respeito. Ele é maior do que julgam os astrônomos. O solo aí se compõe de vales, separando outeiros de declive suave e nunca montanhas, de grosseiros perfis, produtos de erupções vulcânicas, como se vê aqui. Tudo ali respira alegria e serenidade. Magníficas florestas de corpulentas e majestosas árvores crescem ali por toda parte e os campos são cobertos de bela e aveludada relva de uma cor de ouro. É essa a cor dominante da natureza; aí, porém, as folhagens das árvores apresentam matizes variados com as mais brilhantes cores do arco-íris. Milhares de rios cortam o solo em intervalos regulares, derramando fertilidade por toda parte.

O povo de Urano, como raça, é muito diferente do que habita a Terra, e desperta interesse em quem o contempla. Eles são de estatura pequena, de pele clara e branca, olhos castanhos com reflexos azuis. Eles deixam crescer seus cabelos naturalmente. Aí não se mostram deformidades de espécie alguma; todos são bem conformados e muito ativos. Seus vestidos são feitos de fibras de uma planta que cresce nas margens e vizinhanças dos rios, e que eles colhem e comprimem até lhes dar a forma de um pano leve e lustroso, muito belo. As mulheres o prendem graciosamente ao corpo por meio de fitas de metal brilhante, deixando-o cair dos ombros aos pés.

Usam também outros adornos de que vos não podemos falar, por não haver entre vós coisas que se lhes assemelhe.

Os homens usam esse pano somente da cintura para baixo. Todos cingem a cabeça com uma fita de metais transparentes, cujos reflexos simulam pedras finas.

Não se sente aí o calor nem o frio em excesso, mas uma constante temperatura suave e grata.

Suas moradas são construídas de madeira, cobertas com uma substância vegetal densa, que cresce junto aos rios. Seu alimento consta dos frutos que aí abundam e são guardados de uma a outra estação. Aí não vi animais quadrúpedes, mas inúmeras aves cantoras de variadas e brilhantes plumagens. Há também animaizinhos um pouco parecido com uma lebre ou o coelho no resto da forma, mas só têm dois pés com pequenas garras, com que segura o seu alimento, frutos e grelos.

Os urânios têm a voz doce e harmoniosa, e não tenho expressões para dar-vos uma idéia da beleza de sua linguagem. Sua vida é calma e feliz; a morte não os intimida, porque os que terminam sua vida corporal não se ausentam, vivendo com eles em intimidade e apenas trocando seu invólucro mais denso por outro etéreo. Eles não deixam seu mundo por muitos anos e só o abandonam quando, eterializados ou espiritualizados, buscam outros melhores. A passagem da vida corporal à espiritual se efetua sem dor, o corpo vai enfraquecendo-se com a idade, os laços se afrouxando e o desprendimento é doce.

Eles não têm religião de fórmulas, mas a que se manifesta por obras de beneficência, na qual seus Espíritos se vão apurando cada vez mais.

Dos mundos que visitei, foi este o em que a humanidade me pareceu mais feliz".

NOTA:

Na ordem de seus afastamentos do Sol, Urano é o planeta que se segue a Saturno no nosso sistema. Oito luas acompanham-no em seu curso, embelezando-lhe as noites. Mais materializado que Saturno, porém menos que Marte e a Terra, sua humanidade carrega corpos menos densos que as dos dois últimos e, por conseqüência, dispõem de mais liberdade no adiantamento do Espírito.

Sua atmosfera, muito rica em fluidos vivificantes, compensa a falta que lhe provém do seu afastamento do Sol.

Seu volume é 58 e sua massa 43 vezes a da Terra. A densidade do corpo humano* é aí de 0,792 ou 1.3 menos denso

* *N.R. (JDM) - Corpo humano: Se entende corpo espiritual na forma humana.*

que o nosso.

Ao escrever essas linhas, pintaram-me uma paisagem de Urano. Em um vasto campo coberto de uma vegetação uniforme, de cerca de um metro de altura, com o aspecto dos nossos campos de cultura de cereais, mas sendo ali os vegetais muito mais delicados e flexíveis que os nossos, e de uma cor de ouro, eu vi a figura de uma mulher moça e formosa. Sua estatura era pouco elevada, seu talhe esbelto e delicado, sua pele branca rosada, seus olhos grandes e castanhos, com seus cabelos que, presos atrás da cabeça, lhe caíam sobre as costas. Vestia uma saia encarnada de fazenda que me parecia luz, e dos ombros, caindo-lhe sobre as costas e cruzados sobre o peito, cobrindo-lhe a parte superior do corpo, uma espécie de xale branco. Seu aspecto era jovial. Ela ia quebrando as plantas, reunindo-as em feixes.

* * *

O filho pródigo

Reformador, maio de 1895

Em dias de abril de 1893, sem a idéia de uma evocação determinada, reuniram-se com o fim de fazer estudos espíritas em um prédio da Ladeira do Barroso, nesta Capital, os espíritas Oliveira Lima, Carlos Barreto e o signatário dessas linhas.

Feita a prece inicial, esperamos que os nossos guias nos fornecessem assuntos para o nosso estudo.

Apresentaram-se dois Espíritos, que o médium vidente descreveu. Era um deles um homem alto, corpulento, trajando larga camisola negra que lhe caia aos pés. Seu rosto tinha a cor bastante morena e apresentava maçãs muito salientes, não se podendo fixar-lhe as feições, porque ele conservou-se quase sempre escondendo-o entre os braços apoiados sobre a mesa.

O outro era bastante idoso, alto, muito magro, rosto descarnado, calvo e com longas barbas brancas.

"Quereis trabalhar", disse-lhes ele pelo médium de incorporação, *"trago-vos um irmão muito sofredor"*.

Dirigimo-nos a este, que, servindo-se do mesmo médium e sempre com o rosto escondido, exprimiu-se assim: *"Venho do planeta Vênus, do lugar onde estou expiando faltas cometidas aqui. Que sofrimento! O peso da matéria me acabrunha; aquele ambiente me asfixia e o meio em que hora vivo me faz chorar o que perdi. Meu Espírito busca desprender-se, mas o corpo me prende àquele solo que não sei quando deixarei. Aproveitando-me do sono do meu corpo, meu Espírito sentiu-se atraído para o espaço e aqui vim ver os lugares que habitei outrora"*.

Elevamos o pensamento e pedimos a Deus que o inspirasse a resignação de que precisava para cumprir sua prova.

Ele deixou o médium e o mesmo falou-nos, então: *"Quereis um ponto para estudo, aí o tendes. Meditem sobre o que se passou, e na seguinte sessão sabereis o que se deu aqui. Adeus"*.

Procuramos estudar o fato e ficamos concordes em haver ali um ponto de dúvida a esclarecer.

Segundo o ensino dos Espíritos, o Espírito encarnado em um mundo inferior, como a Terra, Vênus etc., não pode abandonar seu corpo para ir a um outro mundo. Apenas quando o corpo dorme, ele pode elevar-se ao Espaço e, entrando em relação com seus amigos e protetores, receber aí as instruções e conselhos de que precisa. Reunimo-nos no dia imediato no mesmo prédio e recebemos psicograficamente esta comunicação:

"Deus seja convosco. Acertastes no resultado a que chegastes no estudo que vos foi proposto. Sim, o Espírito, durante a sua encarnação num mundo inferior, não pode abandonar o seu corpo para ir a outros mundos. O Espírito que aqui veio viveu na Terra, abusou dos favores que tinha conseguido e, com o fim de ser contido na marcha em que ia, foi viver em um mundo, onde devia encontrar maior constrangimento pelas condições naturais da vida ali.

A punição é sempre proporcional à queda. A justiça divina preside infalível as relações dos homens no seio das humanidades e mundos sem conta que povoam o universo. O peso da matéria que o envolvia, o atraso relativo daqueles com quem ele tinha de viver, impeliam seu espírito a fugir da realidade da vida de relações do planeta, para viver sonhando com um mundo melhor, de que lhe restava uma vaga reminiscência, mas cuja posição ele não conseguia precisar.

Entregue a estas contínuas abstrações, ele era julgado por uns um mentecapto e por outros, um sonhador, um gênio.

Vindo aqui, ele supunha que seu corpo ia ficar adormecido e que lhe cumpria ainda tornar ao seu desterro. Não, sua prova estava terminada. A lição estava dada e ele só veio quando, rotos pela morte os laços que o ligavam ao corpo, este desceu à sepultura.

Pedi; peçamos todos para que ele aproveite a lição. Adeus".

NOTA:

Vênus é o planeta que, na ordem crescente de suas distâncias ao centro do nosso sistema, fica colocado entre Mercúrio e a Terra. Sua distância do Sol é de 26,8 milhões de léguas.

Ele recebe do Sol 1,92 vezes mais calor e luz que a Terra. Seu volume é 0,827 vezes o desta, sua massa 1,146 e sua densidade 1,385.

Se representarmos por 1 a atração na superfície terrena, a na de Vênus seria 0,722.

A zona tórrida tem nesse planeta uma largura considerável e prende-se logo às glaciárias. Suas estações são muito mais pronunciadas que as nossas, sendo maiores as variações de temperatura por que passa cada ponto de sua superfície.

Seus dias são pouco menores que os nossos, e seus anos contam 224,7 dos nossos dias.

A atmosfera de Vênus é menos rica que a nossa de fluidos vivificantes.

O corpo humano* é de uma matéria 1,385 mais densa que a do nosso.

** N.R. (JDM) - Corpo espiritual na forma humana.*

Arago

Segundo esses dados, o estado físico, intelectual e moral da sua humanidade é pouco inferior ao da nossa. Sua flora e sua fauna são mais ou menos idênticas à nossa.

Em comunicação dada ao sr. Rou, em Paris, o Espírito de Arago disse que o estado de adiantamento da sociedade de Vênus é o que foi o da nossa nas proximidades de 1300.

Quando escrevia essas linhas, nossos amigos do Espaço mostraram-me o tipo de uma das raças de Vênus. Era um homem alto, corpulento, de cor morena, cabelos e barba negros, maçãs salientes, nariz grosso e um tanto achatado, olhos vivos e negros, semblante carregado. Envolto em longo manto branco, ele trazia na cabeça um pano da mesma cor em forma de trufa.

Era um tipo de raça guerreira, como me disseram, semelhante ao das hordas fanáticas que nos tempos revolucionaram a sociedade terrena.

* * *

Carlos Gomes
Saudação de além-túmulo

Reformador, novembro de 1896

O nosso dedicado confrade marechal dr. Ewerton Quadros, de quem temos em nosso poder alguns trabalhos que com

Carlos Gomes

mais espaço publicaremos, além da colaboração assídua com que nos tem auxiliado nesta seção, nos dá uma interessante e razoável interpretação que inserimos abaixo, acerca do fato publicamente revelado pelas folhas desta Capital, de ter pousado um pássaro dentro da igreja em que no Pará celebravam-se as exéquias do saudoso maestro Carlos Gomes.

Eis esse artigo, para o qual convidamos a atenção dos leitores:

Dizem notícias de Belém que, ao celebrarem-se as exéquias do ilustre brasileiro, na catedral dessa capital, aí penetrou-se um cardeal, o rouxinol do norte, esvoaçou pela nave do templo, pousou no braço da cruz que se achava à cabeceira do cadáver e, depois de soltar doces trinados, saiu do templo.

Rirão incrédulos os espíritos fortes, acreditando ser tudo isso uma fantasia.

Estudemos o fato. Poucas pessoas deixarão de ter ouvido falar no aparecimento de borboletas negras nas casas em que se tenha de dar o passamento de uma pessoa querida. Zombam os incrédulos, mas nem por isso o fato deixa de se dar. Se segurarmos nessas ocasiões um desses animaizinhos, notaremos que ele está carregado de fluido magnético. Por quem? Quem o coloca neste estado? Espíritos amigos que dispõem dos fluidos derramados no Espaço e vêm dar um aviso aos moradores da casa para amortizar o golpe que vão receber. A fuga dos pombos das casas onde alguma morte se vai dar, e um sem número de avisos da mesma natureza, dados por animais de outras espécies, pertencem todos à mesma categoria.

Conta-nos um amigo nosso que, viajando pelas campinas do Rio Grande do Sul em comissão do governo, tendo feito seguir na frente as praças que acompanhavam-no, achou-se desnorteado no meio de um campo cortado de centenas de picadas, todas muito trilhadas, sem saber por qual devia seguir. Crente, elevou ele seu pensamento a Deus e pediu a seu guia o auxiliasse. Viu ele, então, vir de longe cantando uma avezinha chamada quero-quero, se aproximar da cabeça do cavalo que ele montava, voar no sentido de uma das picadas até grande distância e desaparecer. O nosso amigo parou pensando no fato; a ave voltou, quase deu com as asas em seu rosto e seguiu no mesmo rumo. Então ele tomou o rumo indicado e, chegando ao alto da colina, viu na base oposta os soldados que o aguardavam. Eis fatos que bem nos explicam o que se deu na catedral de Belém.

Um Espírito amigo, querendo concorrer por um modo extraordinário para a comemoração que ali se fazia, lançou mão desse meio de prestar homenagem ao grande morto, chamando, ao mesmo tempo, a atenção dos encarnados para a intervenção contínua do mundo invisível nos nossos atos nesta vida.

Gonçalves Dias

Carregada de fluidos, a avezinha magnetizada penetrou no templo, sentou-se à cabeceira do morto, soltou seu canto e depois partiu. Eu tentava explicar o fato para mim mesmo, quando um amigo do Espaço me disse: *"O cantor dos Tymbiras também quis saudar o autor do Guarany ao entrar no mundo da luz e da verdade. Gonçalves Dias dirigiu essa ave."*

* * *

Benefícios da vidência

Verdade e Luz, setembro de 1901

Um cavalheiro respeitável casou-se civilmente com uma senhora israelita, segundo a lei que regula essa matéria no nosso país. Para completar-lhes a felicidade doméstica, no fim do ano veio ao mundo um menino, fruto dessa união.

Católico fervoroso, o marido pediu como um favor à mulher que o acompanhasse ao templo no dia do batismo, quando ele pretendia mandar rezar uma missa em ação de graças.

Por amizade ao marido, ela cedeu, mas pediu-lhe que lhe explicasse o que era a missa.

Ele deu-lhe a explicação pedida, e nela lhe disse que ela veria o sacerdote elevar uma roda branca de obreia e um cálice contendo água e vinho, em que os católicos criam consubstanciados o corpo e o sangue de Cristo.

Foram ao templo, onde tiveram lugar a missa e o batizado; mas ao voltarem à casa, ela disse: *"O senhor não me havia dito tudo. Eu vi o sacerdote elevar o cálice, mas em vez da roda de obreia, ele levantou um menino muito belo, que me sorria, chamando-me com a mão".*

O marido então aproveitou a ocasião para aconselhá-la, e ela, sem dúvida influenciada do Alto, aceitou o conselho e batizou-se em poucos dias.

Era uma família que vivia feliz, mas em cujo seio a diferença de religiões produzia um certo constrangimento, que os guias fizeram desaparecer, demonstrando que todas as religiões são boas, uma vez que conduzam os crentes ao amor de Deus e ao amor ao próximo.

* * *

É notável a mediunidade de dupla vista do jovem Raul R., filho de importante família desta Capital. Entre os inúmeros fatos que dele podíamos citar, apresentaremos o último acontecido, que demonstra a clareza de sua percepção.

Deixando suas filhas e sobrinha em casa de uma amiga, que estava prestes a desencarnar, a mãe do jovem médium, ao chegar em casa, disse ao seu filho: *"Vê o que está passando em casa de F."* (a enferma acima referida, em cuja casa o médium ainda não tinha ido).

O médium respondeu: *"Vejo uma sala, em cujo centro se acha uma cama, onde está deitada uma senhora coberta com uma colcha e com um lençol, e tendo sobre a cabeça um pano branco. Ao lado da cama tem um lavatório e aos pés, um guarda-vestidos. Na borda da cama, se acha assentado um jovem, conversando com minha prima e minha irmã".*

"Combina tudo", respondeu a senhora, *"menos a presença do jovem, a do guarda-vestidos e a do pano branco na cabeça da enferma".*

Voltando ela para junto de sua amiga, notou que, de fato, havia um guarda-vestidos aos pés da cama, no qual ela não tinha antes reparado; viu sobre a cabeça da enferma uma toalha contendo gelo, aplicação que haviam feito depois de sua saída; e soube que havia chegado um jovem, irmão da enferma, o qual estivera sentado na borda da cama.

* * *

Informam-nos pessoas além de toda a suspeição, existir no Pará uma jovem de 23 anos, da Confraria de Sant'Anna, notável pelos seus dotes morais, subidos sentimentos de altruísmo e dispondo de grande poder sobre os indivíduos feridos pela loucura e pela obsessão.

Os informantes testemunharam, entre outros muitos fatos, o de ela penetrar calma no quarto de um louco furioso, de que ninguém se podia aproximar, e este imediatamente acalmar-se. E quando ela lhe disse: "*Que é isso? Se continuar a proceder assim, nunca mais me verá*", o louco, já calmo, começou a chorar.

* * *

A vidência no copo d'água

Verdade e Luz, fevereiro de 1909

Nesta manifestação mediúnica, como nas que se dão na bola de cristal, no espelho mágico etc., esses objetos materiais não são mais do que acessórios próprios para provocar a concentração do Espírito dos sensitivos, fazendo-os, muitas vezes, inconscientemente, exercer sobre si mesmos uma ação hipnótica mais ou menos forte, que os segrega de todo o pensamento estranho ao trabalho que se deseja obter.

É na mente do sensitivo e não no copo d'água, na bola de cristal, no espelho mágico etc., que a imagem se produz pela vibração do fluido perispiritual, gerada pela ação da própria imaginação do paciente ou pela atuação de uma alma estranha ou desencarnada.

É necessário que o sensitivo que serve de instrumento à obtenção de um trabalho dessa espécie, se torne inteiramente passivo, segregando-se completamente do mundo exterior sensorial, como de toda idéia ou sensação que ele reconheça oriundas do seu próprio espírito, concentrando todo o seu pensamento no Além, e que as outras pessoas presentes se abstenham de fazer-lhe qualquer sugestão, verbal ou mentalmente.

Só assim a impressão geradora da imagem não poderá deixar de provir de uma alma desencarnada ou de uma encarnada ausente do lugar da reunião; em todo caso, de uma alma obrando independentemente de um corpo material orgânico.

Às vezes, porém, a ação dessa alma livre é mais forte e triunfa dos obstáculos criados pelo pouco cuidado do sensitivo e dos assistentes em preparar o ambiente e os elementos para que se dê a manifestação.

Quando diversos sensitivos trabalham simultaneamente, um só agente pode dar a todos a mesma impressão, fazendo que todos vejam a mesma imagem; mas, na maioria das vezes nesses trabalhos, agentes diferentes entram em ação, dando cada um, a um dos sensitivos, uma impressão particular, diversa da que os outros recebem.

Muitas vezes, desejando fazer que o sensitivo se lembre de uma pessoa falecida ou ausente do lugar, a manifestante grava-lhe na mente apenas a forma do rosto desta, e a imaginação daquela completa logo a figura, juntando-lhe a configuração do corpo, o modo de trajar, etc segundo o que conhece da pessoa apresentada; às vezes, porém, conforme a necessidade da manifestação, aquela fornece-lhe a imagem completa e nem sempre concorde com o que o sensitivo podia esperar.

Visconde do Rio Branco

Estudemos os seguintes exemplos:

1º - Em 1883, um grupo espírita que trabalhava na Ladeira Barroso, nesta capital, achando-se reunidas dez pessoas, todas sensitivas, ao redor de uma mesa, fixando um copo d'água sobre ela colocada, todos viram, ao mesmo tempo, a veneranda figura do falecido visconde do Rio Branco, com sua farda de ministro e tendo na mão um papel.

Desaparecendo essa figura, eu pedi a todos que fixassem o copo com o desejo firme de vê-la mostrar-se de novo. Todos o fizeram, mas, em vez da figura pedida, veio a de uma preta trajada como as negras minas da Bahia.

2º - Poucos dias depois do fato supracitado, no mesmo grupo, os mesmos sensitivos viram, trabalhando com o copo d'água, a imponente imagem do marquês do Herval. Reproduzimos a experiência precedente, logo que ela desapareceu, e o resultado foi verem todos, não a reprodução da mesma figura, mas cada um uma outra diversa.

3º - Em 1889, achando-me em Uberaba, na então província de Minas, entrei no escritório do sr. Barcelos e, na conversa que ali tivemos, eles se mostraram muito desejosos de obter uma prova de sobrevivência das almas humanas à dissolução dos corpos na morte. Pedi-lhes que mandassem vir um copo d'água que coloquei sobre a escrivaninha. Estavam presentes os dois donos da casa, um outro moço e eu. Disse-lhes que banissem de suas mentes toda idéia estranha ao fato, erguessem seus pensamentos a Deus, pedindo a desejada prova, mas sem particularizar a alma cuja figura desejavam ver.

Nesse momento, sem poderem suspeitar do que estávamos fazendo, entraram na sala três pequenos de 3 a 4 anos de idade, dois filhos de um dos srs. Barcelos e um pretinho, os quais se aproximaram da escrivaninha, olhando para o copo. Tinha apenas passado um minuto, quando o pretinho, muito contente, disse: "*Olhem sinhô velho ali no copo*", ao que acrescentaram os dois meninos, admirados e alegres: "*São o vovô e a vovó*". As figuras sorriam e os abençoavam.

Olhei para os donos da casa e notei que estavam

comovidos. Também estavam vendo, como me disseram.

Nas três primeiras manifestações dos exemplos citados, os manifestantes conseguiram dar a mesma impressão a todos os sensitivos presentes; na segunda do primeiro, além disso, a alma da preta mina triunfou das idéias preconcebidas deles; ao passo que na segunda do segundo, obtendo o mesmo triunfo, almas diversas deram-lhes impressões diferentes.

A alma manifestante pode apresentar-nos a sua própria figura ou a de uma outra entidade distinta, e o modo de fazermos essa distinção consiste na comparação dessa figura com a impressão característica de sua personalidade que então recebemos.

* * *

Estranhas intuições de sentimentos maus

Verdade e Luz, abril de 1909

"Vigiai", disse Jesus aos seus discípulos amados, *"para não cairdes em tentação."*

O homem descuidado, o que não vigia atentamente os sentimentos e pensamentos maus que germinam e se manifestam no íntimo de seu ser, sementes aí lançadas, na ocasião, pelos Espíritos levianos e mal-intencionados, que vagam no nosso ambiente procurando desviar-nos do bom caminho e aí, em estado latente, conservadas desde suas existências passadas e que ele tem o dever de combater e repelir, corre o risco de ver perdido o trabalho de que se incumbiu quando, dominado das mais louváveis intenções, resolveu encarnar-se neste mundo.

Nunca peçamos a Deus afaste de nós a tentação, mas sim que nos dê a força precisa para lutarmos com ela e venceremos.

Ela é necessária ao nosso progresso: e é vencendo-a que lançaremos fora do jardim da nossa alma a erva daninha que tenta asfixiar os rebentos de amor e caridade que, sob o bafejo benéfico dos Espíritos de luz, aí somente devem desenvolver-se e frutificar.

Estudemos algumas dessas intuições estranhas, a fim de melhor compreender como elas se dão.

1º - Eu tive nesta Capital um velho amigo, o distinto coronel, dr. C. Limpo, bastante crente do Espiritismo e uma boa alma. Dava-se com ele um fato que muito o impressionava e de que muitas vezes eu o ouvi queixar-se.

"Como explicar isso?", dizia ele, *"não posso ter um criado que, no fim de pouco tempo, não desapareça roubando-me. Em vão, vem ele acompanhado das melhores informações, o resultado é sempre o mesmo. Eu nunca furtei coisa alguma dos outros. Por que se dá isso comigo?"*.

Um dia, em 1884, dirigi-me à sua casa, às duas horas da tarde e, ao aproximar-me, vi sair do Convento da Ajuda e ali entrar antes de mim, a alma de um homem do povo, trajando apenas calça e camisa brancas, sem chapéu e sem sapatos, vindo-me a idéia de ser um ex-jardineiro. Entrei e, como o coronel ainda não tivesse chegado, fui esperá-lo na sala, entretendo-me com a leitura de um livro que aí achei. Pouco depois, em mim foi se insinuando, lenta e sorrateiramente, o desejo de apossar-me de uma pena de aço, já servida e enferrujada, que eu via no chão. Esse desejo foi crescendo e eu pensava no fato, quando o objeto da minha cobiça mudou para um fósforo queimado que ali estava atirado sobre a mesa e depois para um livro, com que eu próprio havia presenteado meu amigo.

Pensei, então, na alma do ex-jardineiro que eu vira entrar na casa antes de mim, e ela se me tornou visível; aconselhei-a e ela desapareceu. Ao chegar o coronel, contei-lhe o ocorrido e, assim, ficamos conhecendo o verdadeiro autor dos latrocínios de que ele tinha sido vítima e os pobres criados, simples executores, talvez inconscientes, das intuições da alma de um gatuno.

2º - No mesmo ano de 1884, era lente no Colégio Souza Dias, em São Cristóvão, o dr. A. L., com quem se deu o seguinte: um dia foi ele ao Colégio com o fim de receber seu ordenado, e aí conversando com o diretor e sua família, passou o seu recibo, firmou-o e entregou-o, mas em vez de esperar, levantou-se precipitadamente, mostrando-se muito agitado; tomou o chapéu e a bengala e saiu correndo, sem dizer uma palavra, deixando todos imersos em funda estupefação. No dia imediato, voltou ele ao Colégio, e ao perguntarem-lhe o que havia passado, pediu que lhe não falassem nisso, que consigo no dia anterior se dera um fenômeno estranho e por ele nunca antes testemunhado; que ao passar o recibo do seu ordenado, dele se havia apossado um tão forte desejo de furtar uma qualquer das figurinhas de porcelana que se achavam ali sobre o aparador, que ele teve de fugir para não praticar essa feia ação.

Riram-se muito do caso, mas um novo fenômeno veio aumentar o pasmo dos presentes. Sendo-lhe apresentado o recibo por ele passado na véspera, ele e todos reconheceram que nem a letra, nem a assinatura eram suas.

Aí, além do intuitivo, ele foi o médium mecânico.

3º - Um dia, há cerca de três anos, tomamos na Rua da Alfândega o bonde da Companhia de Carros Urbanos, que ia com destino ao Carceller, eu e um cavalheiro bem trajado, parecendo-me ser um negociante, o qual trazia um rico correntão de ouro e, como todos os assentos estivessem ocupados, ficamos de pé na plataforma traseira. Na esquina da Rua dos Ourives, tomou também o bonde, vindo postar-se à nossa frente, um moço, vestido pobre, porém decentemente, e que não me foi difícil notar ser um neurastênico, uma vítima do nervosismo sujeita à ação da influência de Espíritos malévolos. A luta se manifestava tremenda na alma desse enfermo, cujo corpo estremecia sem cessar aos repetidos choques de seu inimigo invisível, enquanto seus olhos não se afastavam um segundo do correntão do meu companheiro de viagem e sua mão direita, por um movimento inconsciente, avançava e recuava, como querendo segurar o objeto de sua cobiça. Pedi para ele o auxílio dos nossos protetores espirituais e, ao chegarmos à esquina da Quitanda, ele saltou do bonde e partiu quase correndo, seguido pelo olhar do meu companheiro, que também havia compreendido as intenções.

Lutou com a tentação, mas felizmente venceu-a.

4º - Vive nesta Capital um homem bem colocado, mas infelizmente muito neurastênico e facilmente sugestionável pelas influências do Além.

É o sentimento da inveja que nele desperta sempre a alma de um padre, que nunca o deixa e que ele conheceu em sua última existência, terminada num hospital de alienados.

Em vão, descrevendo-lhe a figura do seu perseguidor e dizendo-lhe o que este me comunicara, fi-lo conhecer quem era e a necessidade que há de afastá-lo. Nada ele tenta. O obsessor é um Espírito frívolo e difícil de ser convencido, parecendo ainda ferido de demência.

Muitas vezes, indo de visita à casa desse cavalheiro, quando me distraio, vem de mim lentamente se apossando um sentimento de inveja pela posse de qualquer objeto que ali vejo, às vezes sem valor algum real; mas basta que eu compreenda o que se passa e pense nela, para que essa alma fuja às gargalhadas, com a figura do falecido padre.

Quantos infelizes, julgados criminosos, gemem ainda hoje nos cárceres das nações mais cultas, quando nada mais são que vítimas dessas influências malévolas; quantos pelo mesmo motivo não se acham encerrados, sofrendo as mais duras provações, nos hospitais de alienados; porque as leis humanas visam, de preferência, as manifestações exteriores das faltas, deixando de lado suas causas reais escondidas nos recessos da alma; porque, em vez de buscar curar esses enfermos, chamados de delinqüentes, elas preferem castigá-los, pretendendo moralizar a sociedade por exemplos que em nada aproveitam, porque ela lhes não liga importância!

Li uma vez, há uns dez anos, que um distinto hipnotizador, diretor ou simples médico de um asilo de meninos julgados incorrigíveis, na Inglaterra, conseguiu, por uma metódica hipnotização diária, fazê-los, no fim de algum tempo, abandonar esses vícios que tanto desmoralizavam.

Fazendo ciente desse belo e humanitário resultado a um meu amigo, o sr. G., espírita convicto e dotado dos mais puros sentimentos de bem-fazer, resolveu ele empregar o mesmo processo, ainda que obrando a distância e sem ciência do paciente, com um nosso amigo comum, o dr. P. C., homem de grande posição na nossa sociedade. Era positivista, mas positivista de convicções seguras, bebidas em longos e aprofundados estudos da ciência materialista, e não desses que procuram celebrizar-se afirmando por toda parte que não crêem em Deus por não saberem quem foi Seu pai, onde está construído o Seu palácio, nem em que Ele se ocupava antes da Terra ser, que não crêem na sobrevivência da alma humana, porque nenhuma veio diretamente dizer-lhes que continuava a viver. Sua excessiva aplicação produziu-lhe um grande desequilíbrio nervoso, a ponto de ocasionar-lhe um desarranjo cerebral, de que se aproveitou um Espírito inimigo para levá-lo à prática de desatinos próprios de um louco.

Todos os dias, o sr. G., concentrando-se e implorando o auxílio do Alto, buscava atuar de longe sobre a alma do dr. P. C. com vontade firme de curá-lo do seu mal físico e nele despertar a crença em Deus e na imortalidade da alma humana. A modificação se foi operando lentamente e, no fim de quatro anos, o paciente se achava curado pelo restabelecimento do equilíbrio nervoso no seu organismo, normalizando-se suas funções cerebrais, e pelo afastamento do seu obsessor, que só então disse quem era e porque o perseguira.

Um dia, encontrando-o, perguntei-lhe se ainda era materialista e ateu, e a sua resposta foi: "*Era um impossível, pois hoje eu vejo, ouço e troco idéias com os habitantes do Além. Estou fazendo um sério estudo sobre o Espiritismo".*

Dirão, sem dúvida, que se deu aí uma completa transformação de personalidade. Infelizmente, respondo-lhes eu, assim não é; houve a cura do mal físico, foi afastada a causa das perturbações morais, deu-se a mudança das idéias científicas e religiosas; mas permaneceu inabalável no seu posto, como uma lembrança do homem antigo, o seu indomável orgulho, que só será vencido quando ele próprio resolver-se a dar-lhe um combate de morte.

Às vezes me parece que os católicos e protestantes têm razão em crer na existência de Satanás, errando apenas em julgá-lo um anjo decaído e sempre em luta com seu Criador. Não, se ele existe, não pode ser mais que a personificação do feroz, estúpido e ridículo "orgulho humano".

* * *

Mais reminiscências

Verdade e Luz, dezembro de 1909

A manifestação auditiva que tive em 1875, atravessando um campo deserto, no Rio Grande do Sul, de um coro harmonioso de vozes infantis, cantando alguns versículos de um salmo de David, e uma sonata executada magistralmente ao violino em uma sessão de Paladino, na Itália, e atestada pelo Sr. Zingarapoli, em 1906.

A manifestação em uma sessão da Sociedade "Fraternidade", nesta Capital, em 1882, da alma de um suicida que transmitiu ao ambiente e, por este, a nós, a impressão que o atormentava, fez que todos sentíssemos o cheiro insuportável da putrefação cadavérica.

F. Myers

* * *

A manifestação de um grande quadro fluídico que me fez ver no Espaço a alma do marechal Floriano Peixoto, alguns meses depois de seu passamento, representando uma caçada de anfíbios feita por um grupo de silvícolas, em uma lagoa do planeta Vênus, que ele, com o auxílio de seus guias, em objeto de estudo, vinha visitar.

As posições naturalíssimas dos combatentes, a cor azul-escura das águas da lagoa, cobertas, em grande extensão, de alvas escumas com manchas de sangue, e o reflexo da luz solar de um brilho muito mais vivo que o observado no nosso mundo, combinavam-se em tal harmonia, que davam àquela paisagem um aspecto deslumbrante e encantador.

Para os que testemunham o fato, é muito difícil, como bem o disse o sr. F. Myers na sua importante obra *The human personality,* distinguir se a mensagem recebida por um médium procede de sua consciência subliminar ou de uma inteligência estranha. Com efeito, se um médium inteligente e bem compenetrado da importância de sua missão - cuja alma em estado de concentração mais ou menos perfeito esteja sob o domínio da hipnose, provocada por ele mesmo ou pela vontade dos assistentes desejosos de obter um determinado trabalho, sem que nem ele nem seus companheiros de estudo tenham particularizado, evocando-a, a alma de quem esperam a manifestação - conseguir uma resposta satisfatória à consulta feita, mesmo que nessa resposta se patenteiem conhecimentos que, no seu estado normal, nunca se tenha manifestado, nada prova que a mensagem venha de uma personalidade estranha, antes que da consciência subliminar do médium. A menos que este ou algum dos assistentes, também médium, receba a impressão característica da personalidade que se manifesta, veja a sua figura ou tenha qualquer outra indicação de sua presença.

Não vemos, porém, motivo plausível para repelirem-se como muitos querem, qualificando-as de mistificações, as mensagens oriundas de consciência subliminar do médium, uma vez que nelas se encontrem ensinamentos proveitosos, quer no domínio científico, quer no moral e religioso, e a razão as considere dignas de aceitação.

Devemos lembrar-nos de que nessas condições, sob a ação do hipnotismo, as faculdades da alma do médium se acham em fase de desenvolvimento superior ao que elas possuem no estado normal e, por conseqüência, modificam sua personalidade psíquica para melhor.

No sonambulismo, como no sono ordinário, a separação entre a alma humana e o ambiente sensorial em que ela vive, em virtude de sua encarnação, é mais completa que nos estados de simples excitações hipnóticas a que aludimos acima; mas neles também a alma, liberta das impressões que do mundo exterior lhe transmitem os órgãos dos sentidos, vai escavar recordações nos tesouros de sua consciência subliminar, receber ensinamentos nas regiões do Além ou observar e estudar fatos passados em pontos do planeta, diversos

Alberto de Rochas d'Aiglun

daquele em que se acha seu corpo material.

Como exemplos desses diferentes trabalhos da alma humana, quando o corpo se acha mergulhado no estado de sonambulismo ou de sono ordinário, citaremos:

1º - As descrições minuciosas feitas pelos dois médiuns sonambulizados pelo sr. de Rochas, dos episódios mais notáveis de três ou mais de suas existências passadas, e colhidas pelas almas deles nos recessos de suas consciências.

2º - A esplêndida tese de concurso, escrita em estado sonambúlico por madame de Esperance, quando menina, trabalho que provocou a admiração do reitor e dos professores do colégio que ela freqüentava como aluna, os quais, depois de haverem dela obtido a confissão do modo por que escrevera aquela prova e cumprimentar pelo grande favor que do Alto recebera.

3º - Os sonhos em que a nossa alma testemunha ou toma parte em episódios dados em tempos anteriores aos limites da sua vida presente e em lugares que, durante a mesma vida, ela nunca freqüentou; com um profundo sentimento que, às vezes, persiste mesmo depois do seu despertar no mundo de relações, de haver, apesar das diferenças devidas às condições sociais e aos usos e costumes das duas épocas, completa identidade da sua personalidade psíquica atual com a de algum dos personagens que ali figuram, e muitas vezes ainda, da identidade de alguns dos outros figurantes com personalidades que ela encontra encarnadas na época atual; fato que lhe fornece uma explicação racional das simpatias ou antipatias que por elas sente.

4º - Os sonhos em que nossa alma entra em relação com outras desencarnadas, conhecidas ou desconhecidas, ou ainda encarnadas e, como ela, desprendidas temporariamente de seus corpos carnais, mergulhados em profundo sono; recebendo das mais adiantadas, conselhos e instruções que, muitas vezes, lhe trazem a solução de árduos problemas com que, no estado de vigília, não podia atinar, e bem assim dando às mais atrasadas que ela conselhos que lhes trazem um grato consolo, nas atribulações em que se acham.

Na maioria das vezes, nos estados de sonambulismo e de profundo sono ordinário, a alma esquece, ao despertar no corpo, tudo o que viu e aprendeu no seu desprendimento temporário, salvo quando, no momento de voltar à vida de relações terrenas, a recordação lhe seja imposta por seus guias espirituais.

Mesmo, porém, no caso de não se dar essa recordação, as noções e ensinamentos recebidos nas condições supracitadas, não ficam perdidos, pois se a consciência normal os não registra, eles são recolhidos ao depósito da consciência subliminar, donde, sob a forma de uma vaga intuição, concorrem para o desenvolvimento de sua atual personalidade

O Poeta

Comunicação d'além-túmulo

Recebida em 11 de junho (1880), aniversário da Batalha Naval do Riachuelo, pelo médium dr. Ewerton Quadros.

Reformador, setembro de 1883

Que confusão é esta? Que desordem!
Que medonho painel! Imagem lida
do primitivo caos. Quando revoltos
em renhido combate, os elementos,
dispersados, o fiat aguardavam
do Criador, mandando a luz que fosse.
Ou quadro dessa luta memoranda
que os antigos sonharam, se empenhara
entre os deuses do Olympo e os foros Titãs.
Após dezoito séculos treze lustros,
passara dez que Cristo veio ao mundo.
Já vinte vezes o astro rutilante
que nos presta a sua luz, calor e vida;
tinha feito seu giro, desde o dia
em que hóspede amigo receberam
os dois irmãos que a Grécia endeusara,

colocando-os no alto firmamento.
Era chegada a hora em que risonha
de seu humilde leito soerguer-se
a aurora com seu manto de mil cores
com as trevas, espancando o doce sono
em que toda natura se repousa
de o penoso lidar cotidiano.
Mas nesse dia, esquiva e temerosa,
não ousa desdobrar seu manto etéreo
sobre as plagas, há pouco tão quietas
que o Riachuelo rega com suas águas.
Do sol avermelhado disso surge
entre nuvens de negro e espesso fumo
donde partem relâmpagos fugazes
e o ribombo horroroso dos trovões.
Transidas de pavor, as meigas ninfas,
protetoras das águas buscam abrigo
nas grutas das erguidas penedias.
Mas ah! Entre os bramidos da tormenta
me parece escutar vozes humanas
lamentosos gemidos de quem luta
nas ânsias do morrer, e ao mesmo tempo
ferozes gritos de raiva e alegres cantos
de vencedores, duros mais que os tigres,
que riem, quando geme a humanidade.
Porque procuras, oh homem!
aumentar os amargores
ainda acerbar as dores
que a tua vida consomem?
Porque te deixas tão cego,
arrastar pela paixão?
e vais lançar-te num pego
calcando a voz da razão?
É tua vida uma luta
renhida entre o mal e o bem,

na qual a paixão disputa
o império que a razão tem.
É teu corpo... um frágil vime;
tua alma... a filha dos céus;
a paixão... a voz do crime;
a razão... a voz de Deus.
Oh! Vós que procurais dos que deixamos
o invólucro terreno, ouvir vozes
e os conselhos amigos;
nos fatos medites que vos mostramos.
Os que de seus irmãos foram algozes,
merecem castigos.
Pedi a Deus por eles; vossa prece,
filha do amor fraterno, seja o laço
que, infelizes, os prenda num abraço
e alimente a fé que lhes falece.

J. L. Medeiros Jr.

* * *

Canto

Senhor, em tua presença nos vês aqui prostrados
para adorar teu nome, pedir-te proteção;
concede à nossa alma um raio da tua graça,
e aceitas de teus servos a humilde adoração.

Queremos adorar-te em tuas obras belas,
amando-te em teus filhos mostrarmos que te amamos.
Fazes que só para o bem, em Deus tenhamos força,
cientes e submissos às tuas leis sejamos.

Pai, os nossos olhos abrem a verdade santa,
de fé nos enche as almas, de zelo os corações,
a fim que, praticando-a na luz e sem temores,
a tua lei eterna levemos às nações.

Estende te pedimos, tua mão compadecida
dos mortos e dos vivos sobre o sofrer atroz;
ah! dê-lhes a coragem, a fé e a confiança.
Teus servos e teus filhos são todos como nós.

A fim de merecermos a dita eleitos,
permite que cresçamos em força e saber;
que nosso anjo da guarda nos venha inspirar sempre,
e nunca mais possamos, oh Deus, desfalecer.

* * *

O Redivivo

Revista da Sociedade Acadêmica "Deus, Cristo e Caridade", fevereiro de 1882

Princesa triste e bela das solidões luzentes,
A lua nos vestia de tétrico palor.
Soava meia-noite. Do bronze os sons plangentes
Diziam: chega a hora dos medos e do horror.

Que hora! Força oculta arrasta o pensamento
A ler nessa harmonia que o universo tem,
Que após os mundos tantos, que adornam o firmamento,
Existe alguma coisa....além ...e mais além.

Era num campo santo. A viração ligeira
Nos fúnebres ciprestes simula o suspirar
Em êxtase sublime a natureza inteira
O sono dos finados não tenta perturbar.

Medita, homem de gelo! Recolhe-te contrito.
Ali te abre os braços a cruz da redenção.
De um lado tens a vida, o eterno, o infinito;
Do outro, o pó das tumbas, o verme, a podridão.

Eis, que se adianta, cinéreo viageiro,
No rosto macilento, trazendo impressa a dor;
Caminha lentamente, e junto ao cruzeiro
Pára e contempla as tumbas, em derredor.

Ao longe vê dos homens a terrenal morada,
E vem-lhe, do passado, feral recordação...
Abaixa a fronte pálida, soluça e em voz magoada
Traduz o que lhe oprime o aflito coração:

"Que foi? Que pesadelo! Que sombras me envolvendo!".
Rolei pelos espaços, buscando apoio em vão.
Enregelado e hirto, senti um medo horrendo
De tudo, do infinito, da luz, da escuridão.

"A pouco e pouco as trevas se foram dissipando...".
Foi tenebroso o sonho, medonho o despertar!
na minha frente, espectros se iam levantando,
que as cenas do passado me vinham recordar.
Ah! Meu Deus! Aquela que amei neste desterro,
Supondo-a criada só para minha salvação,
Ao lado de outro homem! Que inferno! Busco um ferro...
Impelem-me à vingança! ...terrível tentação!

* * *

Ode ao Senhor

Reformador, outubro de 1883

Aos teus irmãos da Terra a sã ciência
Legaste aos teus livros imortais;
Levita do Senhor sua providência
Afirmaste, provando que a existência
Não termina nas sombras sepulcrais.

Kremlin da nova fé, na luta ingente,
A razão conduziu-te soberana;
Ria-se embora a turba leviana;
Da sublime verdade a voz potente
Escutada há de ser; e a humana história
Cercará de respeito tua memória.

* * *

O despertar da Humanidade

Reformador, março de 1883

Sem curar da mundana, fútil glória
Sonho no despertar da humanidade,
Da fonte do saber trouxeste a luz;
Por isso entre os vindouros tua memória
Com amor o respeito conservada
Há de viver eterna idolatrada,
Como um culto à doutrina de Jesus

* * *

Mensagem a uma irmã

Reformador, maio de 1883

Extinguiu-se uma lamúria libertada
Uma alma se elevou à imensidade
Libertando-se das asas da bondade
Ardendo no mais puro e santo amor
Levem-na a Deus as auras mais propícias
Inocente encontrar possas as delícias
Aos anjos reservados do Senhor

Fantasiados pelas flores só podemos
Oferecer-te, irmã, neste momento,
Repleto de saudade e emoção
Te compreendes, porém nós o sabemos,
Exprimem verdadeiros sentimentos,
São os votos sinceros de um irmão.

* * *

Se eu tivesse morrido

Poesia medianímica

Reformador, novembro de 1883

Se eu tivesse morrido antes do dia
em que embebendo a pena em fel amargo,
tracei em tristes sonhos pavorosos
de uma mente em delírio...
Se a graça no Nosso Pai me fosse o guia
na vida que p'ra mim foi um letargo
eu teria evitado um doloroso
remorso... o martírio

Mas ah! Felicitante a mente errava,
sequiosa de paz que além fugia,
qual miragem que ilude ao caminhante
no cálido deserto
E, divagando; imagem eu procurava
a fantasia alcançar que me sorria,
supondo o paraíso tão distante
quando ele era tão perto

Morrer quando se tem consciência
de seu dever na vida ter cumprido
e deixar a ilusão pela verdade,
emanação de Deus
É voar disseminando a pura essência
junto do etéreo gozo indefinido
fruir da nobre e santa liberdade
casta ilha dos céus

* * *

Mas morrer sem uma esperança
de encontrar, depois da morte,
uma aurora de bonança,
melhor porvir, melhor sorte;

Vendo a mentira nos sonhos
que o embalara na vida,
a entorno espectros medonhos
lhe cortejando a partida!

Morrer sem a fé que irradia
em nossa alma a claridade,
entrar incerto e sem guia
nos umbrais da eternidade.

É rolar num precipício
escuro, frio, sem fundo;
e suportar um suplício
que não tem nome no mundo.

Crede em Deus. Tende esperança,
praticai a caridade
por elas o homem alcança
o progresso, a felicidade.

* * *

Surrexit – Aleluia

Reformador, abril de 1884

Cumpriu-se a profecia! O verbo santo,
o cordeiro sem mácula veio à Terra
o sudário arrancar que asfixiava,
em seu gélido abraço, à lei antiga
trazida por Moisés.
Que luz serena e pura ele derrama
em torno, clareando a vera estrada,
e que, só conduzir o homem pode,
de anos culpas passadas redimido,
regenerado e puro aos pés do Eterno,
que do nada o tirou!
Tinha chegado a hora; a humanidade,
cansada de lutar, desfalecida,
vendo as velhas idéias soçobraram
uma a uma no pélago sombrio
da tétrica descrença;
sentindo que o desânimo invadia
mortífero. E medonho, as fibras todas
de seu mísero ser, onde o veneno,
gota a gota inoculara
o cético mordaz.
Espavorida, a tímida Esperança,
chorosa, abandonava seus altares,
da morada fugindo, a avareza,
a inveja, a ambição, filhas do orgulho,
firmavam seu despótico domínio,
corrompendo e esmagando aos pés os germens
das modestas virtudes que ainda ousavam
erguer a fronte à luz.
Do salgueiro chorão, suspensa a harpa

dos antigos profetas, mais não vinha
juntar sua doce voz, sua melodia
suave e melancólica, ao murmúrio
sonolento da plácida corrente,
que desce do Anti-Líbano e sepulta-se
no lago em que repousam, há tantos séculos,
Sodoma ó Soboim.
Nem mais nos penetrais do templo augusto,
ante cuja imponente majestade
o homem se dobrava amesquinhado
conhecendo seu nada, se escutavam
os harmônicos timbres argentinos
dos coros infantis que em outras eras,
entre nuvens de incenso se elevavam
louvando a Jeová.
Neste torpor, imersa a humanidade
mal sabia seus passos vacilantes
para onde dirigir; quando desponta
no firmamento azul uma alva estrela
de límpido fulgor.
E tu Belém tão pobre entre os mais pobres
das vilas de Judá , viste em teu seio,
numa fria palhoça, entre os humildes
mostrar-se o Redentor!
Foi o primeiro ensino dado ao mundo
por aquele penhor do autor inflado
que o Onipotente Autor da natureza
dedica aos filhos seus sempre rebeldes,
sempre surdos a voz do Pai os chama!

* * *

Oh! Jesus, que de dores te esperavam;
que tão profundos golpes magoaram
teu ânimo sensível, vendo o homem
com tanta ingratidão, rir dos conselhos,
das verdades que o Pai por ti mandava,
farol que, só podia nesta vida
guiá-lo à perfeição!
Oh! homens, meditai no alto ensino
que legou-vos Jesus, esse modelo
de sublimes virtudes o transformador
da mais pura moral!
Amai-vos muito. As penas desta vida
não são mais que um crisol para subirdes,
para, limpos de máculas do passado,
dos vossos vícios tantos, alcançardes
a paz celestial!
Vide-o na hora extrema perdoando
aqueles que sem causa o ofendiam;
vide-o pedindo ao Pai que lhes perdoe,
pois cegos não sabiam o que faziam.
Chegada a hora sexta, densas trevas
escondem a luz do sol, súbito medo
se apossa dos algozes, mil espectros,
terríveis se levantam dos sepulcros
p'ra vir dizer aos homens: "Era aquele
de quem tanto falaram vossos bardos,
que agora entre ladrões crucificaram".

* * *

Passaram-se três dias, que ânsia extrema
domina nossos ânimos! De um lado
a saudade e a dor; do outro o receio
um temor invencível de que o Cristo
aos homens se mostrar ressurgido.
Rompem-se as trevas,
O sol fulgura,
Brada a natura:
Ressuscitou.
Foram cumpridas
As profecias
Era o Messias:
Ressuscitou.
Tórridos Medos
Aos maus espantam
E os anjos cantam:
Ressuscitou.

* * *

Ao trabalhador do bem

Reformador; maio de 1887

Em tenebrosa chuva a humanidade
parecia afundar-se: esforço ingente
alquebrara-se as forças, a do mastro
lhe ia apagando a imagem da verdade.

No seio da descrença a iniqüidade
ja levantava altiva a hirauta frente
zombando da virtude e insolente
expelindo do mundo a caridade.

Mas Deus, em seu amor tão desvelado
aos ingratos que haviam-no esquecido,
mandou fosse seu nome ainda lembrado.

Tu foste Allan Kardec, o escolhido
prá tão nobre missão; e hoje ao lado
dos justos tens o prêmio merecido.

* * *

A Jesus

Reformador, março de 1891

Sublime inspiração, sagrada flama,
Puro eflúvio de essência divinal,
Inoculou-te na alma a fé ardente,
Revelou-se a verdade resplendente;
Imaculada e bela que derrama
Tanta luz sobre a vida terrena.
Imortal lutador nós te saudamos
Salve, oh Mestre querido! Neste dia
Mil vozes tecem hinos de alegria,
O nome teu lembrando que adoramos.

O Jornalista

Artigos, Contos e Crônicas

O magnetismo na criação

Rev. da Sociedade Acadêmica "Deus, Cristo e Caridade", fevereiro de 1881

O magnetismo é o principal agente da natureza. É por ele que os corpos espalhados na imensidão do espaço se prendem uns aos outros, formando um só sistema. Por ele os corpos menores, colocados dentro dos limites da atração dos maiores, são arrastados para os centros destes. A essa força dá-se, então, o nome de afinidade e coesão; produz a constante direção dos vegetais, atrai do seio da terra os elementos próprios para a alimentação deles; provoca o desejo da procriação nos irracionais, e é a origem de um sem número de outros efeitos, que seria assaz longo enumerar. Passemos a estudar alguns dos principais.

Quando dois corpos, desigualmente carregados de fluido elétrico ou magnético, que supomos o mesmo, se acham em presença, estabelece-se entre eles uma corrente atrativa, que tende a estabelecer o equilíbrio entre os dois, o que, uma vez conseguido, a tração cessa.

Imãs poderosos, os grandes corpos dos sistemas planetários atraem os menores, que são assim obrigados a formar-lhes um cortejo em sua marcha majestosa através do infinito.

Sabemos já, por experiência, que a atração magnética decresce na razão inversa do quadrado das distâncias, e cresce na direta da quantidade de fluido que carrega o centro atrativo; ora, como essa quantidade de fluido aumenta com a massa do corpo, chegamos a esta lei: os corpos atraem-se na razão direta de suas massas.

Colocados em presença o Sol e a Terra, aquele atua sobre esta, e o equilíbrio se restabelece na parte dela que recebe os raios diretos.

Chegados a este ponto, a atração diminui nesta parte, e relativamente aumenta naquela que só recebia raios inclinados, onde não se pode dar o equilíbrio. A conseqüência é o movimento de rotação do nosso planeta, que não estando sujeito a um eixo fixo, desloca-se dando lugar ao movimento de translação.

Na ausência do astro central à parte da Terra, por ele carregada de fluidos, ela os deixa irradiar para o espaço, sempre obedecendo ao mesmo princípio de restabelecimento de equilíbrio, achando-se no seu amanhecer nas mesmas condições do dia anterior.

A observação nos ensina que nos corpos imantados os pólos magnéticos não correspondem aos físicos, o que nos explica a inclinação do eixo terrestre sobre o eixo magnético.

Os estudos do imortal Padre Secchi sobre as correntes elétricas instantâneas, provaram que nelas a luz é mais intensa no pólo negativo e o calor mais forte no positivo, isto é, que há mais luz no ponto mais carregado de fluido e donde parte a corrente, e mais calor no menos carregado, onde ela termina.

Ora, os movimentos de rotação do Sol e da Terra fazem que as correntes, partidas da superfície do primeiro para a da segunda, sejam instantâneas; e o Sol do nosso sistema planetário torna-se intensamente luminoso, sem que para isso seja necessário estar em combustão, suposição inadmissível porque nada nos demonstra seu decrescimento, devido a esse estado.

Se nos elevarmos na atmosfera, o termômetro baixa, o que nos prova que o calor se desenvolve na superfície da Terra, sob a ação do fluido magnético, e não nos vem transmitido do Sol. Se este astro não é um corpo em combustão, quem nos pode afiançar não ser ele habitado?

Estudemos um outro efeito. Nos corpos colocados na superfície terrestre se estabelecem correntes magnético-elétricas, cujos pólos estão situados, um em sua base, em contato com a Terra, vasto reservatório de fluido, e o outro na parte superior, dirigida para o firmamento.

As ações atrativas do Sol e da Terra, através do corpo do vegetal, arrastam do interior desta e da atmosfera os elementos que devem formar-lhes os tecidos, e a conformação das diversas partes da planta faz que essa corrente siga sempre a direção vertical, o que explica a teima do vértice levantar-se para o ar e da raiz procurar a terra.

Se estudarmos a ação das correntes sobre os compostos oxigenados, vemos que as bases se juntam no pólo eletronegativo e o oxigênio no contrário.

Ora, durante o dia a ação do Sol faz que uma corrente percorra o corpo do vegetal da raiz para o vértice, e de conformidade com o princípio que acima enunciamos, o ácido carbônico em contato com o vegetal é decomposto, sendo o carbono atraído para a parte inferior (pólo negativo) e o oxigênio para a superior, donde é expelido juntamente com os resultados da decomposição de outros óxidos.

Durante a noite os papéis se trocam; a Terra, mais carregada de fluidos do que a atmosfera, faz que a corrente se dirija do vértice para a raiz, e então onde o oxigênio do ar é em parte arrastado para a raiz, e o carbono para o vértice, onde se combina com outra parte de oxigênio, livre, formando ácido carbônico, que se desprende. Daí o fenômeno do vegetal na presença do Sol absorver o ácido carbônico e expelir oxigênio, e em sua ausência fazer o contrário.

A presença do fluido magnético se manifesta patente na época da fecundação das plantas. Nelas, então, se vêem fosforescências, estremecimentos, elevação de temperatura etc.

O pólen das flores masculinas é atraído pelos fluidos, que se desprendem do estigma das femininas, mesmo através de corpos estranhos, como se dá com a *Vallisneria* e outras. Os fluidos desenvolvidos nos animais femininos nas épocas próprias para a procriação, provocam o apetite sensual nos masculinos.

Os estudos modernos do magnetismo animal nos dispensam de falarmos sobre ele. É ele um medicamento poderoso para dar alívio nos sofrimentos de nosso corpo.

É pelo magnetismo que o Espírito, ou alma, transmite suas determinações ao instrumento que Deus lhe concedeu para reparar suas faltas passadas e progredir através das eternidades. Por ele, nos comunicamos com os nossos irmãos desencarnados, e recebemos, dos bons, avisos salutares para nos guiarem na vida, inspirações para a satisfação dos compromissos por nós contraídos antes de nos encarnarmos; e dos maus, contrariedades, sentimentos criminosos, que, se calcarmos a voz de nossa consciência para segui-los, nos aproximarão deles.

Esse fluido finalmente prende toda a criação em um só todo e vai prendê-lo ao Criador.

Nosso pensamento, elevado pela prece, atrai sobre nós fluidos puros, que nos vem dar um bem-estar indefinível, um consolo nas tribulações da vida.

* * *

Seção eclética
O Espiritismo

Reformador, abril de 1883

Sr. Redator - Permita que ocupe a atenção dos leitores da vossa conceituada folha, apresentando-lhes as ligeiras considerações que em mim trouxeram a leitura dos artigos do Apóstolo de 16 e 17 do mês próximo passado sob a epígrafe acima.

Diz o articulista que *"lutando com todas as perseguições, a Igreja Católica chegou aos nossos dias pujante e cheia de brilho, e que hoje a luta se lhe torna ainda mais necessária, por que a humanidade, mergulhada no mais torpe materialismo, combate a idéia de Deus pelos princípios da ciência moderna"*.

É incrível que o articulista não tenha compreendido que, no que acabamos de transcrever, ele condena o catolicismo e diz o que não queria dizer.

Se vossa Igreja tem lutado para arrancar os homens das garras do materialismo, e confessais que a humanidade é hoje presa desse vosso mais torpe inimigo, como podeis dizer, ao mesmo tempo, que ela triunfa e brilha?

Se o materialismo domina o mundo, como vós sois os vencedores?

Estremeceis diante dos progressos da ciência moderna, fantasma aterrador que vos perturba em todos os vossos sonhos, porque quereis o obscurantismo, porque precisas de trevas para dominar o mundo, porque a idéia que formaste do Criador do Universo não pode resistir aos golpes da razão iluminada pela ciência.

Não é a idéia de Deus, causa primária, fonte de amor e justiça, que a humanidade combate, mas sim a idéia que d'Ele faz o Catolicismo. Como quereis que neste século de tanta luz, neste século em que a sede de justiça brota em todos os corações, nós possamos admitir um Deus que nos condena pelas culpas para as quais de forma alguma concorremos? E que depois nos absolve porque Ele mesmo, se encarnando e vindo viver entre nós, foi por nós apupado, flagelado e crucificado?

Abri o Evangelho, lei estas páginas sublimes, sem vos importar com os enxertos que nele fizestes, interpretai-o à luz da razão, e nele achareis a idéia de Deus que deveis ensinar aos homens.

Repeli para longe o pensamento da necessidade de uma classe privilegiada, pela qual somente a humanidade inteira se possa comunicar com o seu Criador.

Bani como ridícula a pretensão de terdes o poder de conceder na outra vida a bem-aventurança e a condenação eterna a quem vos aprouver.

Não vos repugna esse pensamento de um Deus, Pai de amor, justiça e misericórdia, infligindo penas eternas por faltas temporárias, pensamento que vai de encontro ao artigo do credo dos Apóstolos que diz: "*Creio na remissão de todos os pecados*"?

Não vedes que com essa idéia fazeis esmorecer aqueles que pecaram, mas que podiam regenerar, se lhes não roubasses a esperança do perdão?

O Cristianismo, o verdadeiro Cristianismo, não teme a luz, porque é pelo brilho dela que há de erguer-se triunfante o princípio sublime em que Jesus disse, se encerra toda a lei e os profetas: "*Amai a Deus sobre todas as coisas e ao próximo como a vós mesmos*".

Dizeis que, com o fim de ganhar terreno, o Espiritismo se une a todas as seitas, combate a Igreja Católica e aos que dizem que ele não passa de uma superstição grosseira, diabólica e condenada pela vossa Igreja.

É inexato o que avançais; o Espiritismo não se liga a seita alguma, estuda os ensinos delas todas e aceita o que acha conforme com os ditames da razão, rejeitando tudo o que nelas for fruto de má interpretação e das paixões humanas.

Ele não combate o catolicismo *in totum*, mas sim aquilo que nele encontra em completa dissonância com os princípios ensinados pelo Divino Mestre, com as idéias de justiça, bondade, amor e misericórdia infinita, atributos necessários da perfeição divina.

Se estudásseis os ensinos que vos dão os bons Espíritos, veríeis que eles nos aconselham o amor a Deus e ao próximo, a caridade, a paciência e a resignação pelas atribulações desta vida transitória, e então acreditaríeis que não pode ser mau quem só manda fazer o bem, e que, se existe o diabo, é ele quem vos insinua esses pensamentos.

Provai que o Espiritismo é uma superstição grosseira, e nos renderemos aos vossos argumentos; porém, enquanto vos limitardes a avançar tais absurdos, sem mostrar a justeza de vossas asseverações, nós vos responderemos: não nos importamos com as opiniões de quem fala sobre aquilo que não conhece.

Quanto ao dizerdes que essa doutrina é condenada por vossa Igreja, vos responderemos que a nossa consciência é o tribunal único que tem o direito de julgar as nossas intenções.

O Espiritismo não é uma ciência oculta, como avocais: seus princípios podem ser analisados à luz da ciência; aqueles que o professam não procuram um lucro material; obedecem aos impulsos de seus corações e só fazem aquilo que a razão lhes diz ser agradável a Deus.

Dizeis que o Espiritismo nega os dogmas fundamentais, os princípios essenciais do catolicismo.

É engano vosso.

O Espiritismo ensina o amor ao próximo e o amor a Deus acima de tudo, e esse duplo amor é a única base da doutrina de Cristo.

Não combatemos senão as interpretações que destes às palavras dos Apóstolos.

Diz o Credo: *"Creio na comunicação dos santos"*; e nós admitimos esse artigo, ao passo que vós combateis dizendo que só o Espírito do mal se pode se comunicar com os homens, ficando como um privilégio do clero romano a faculdade de estar em relação com os bons.

É muita pretensão.

Não vos lembrais que Cristo* disse que chegaria um tempo em que as crianças profetizariam, os velhos teriam sonhos?

Acaso referia-se ele somente ao vosso clero?

Vossa falta de amor e caridade nos obriga a aplicar a vós o que disse o Apóstolo dos Gentios:

"Tu que queres ensinar aos outros, ensine a ti mesmo; tu que pregas a abominação dos ídolos, por que os adorais ilegalmente? O incircunciso que guarda os preceitos da lei, será teu juiz, porque a conhecendo e sendo circunciso tu a calcas aos pés".

Dizeis que não admitis a reencarnação, porque Deus seria injusto se fizesse que cada um respondesse nessa vida pelas faltas que cometeu em outras; que em face da injustiça triunfasse neste mundo, da opulência mergulhada na voluptuosidade, vos pesaria dizer que isso seja a recompensa de uma boa vida passada; que sua presença do infortúnio e das lágrimas de virtude, vos repugna dizer, como os Escribas que passavam pelo Calvário: *"Aquele teve o que mereceu"*.

Achais injusto que cada um pague pelas faltas que cometeu, e muito justo que todos respondemos pelas culpas de um outro a quem não conhecemos.

É uma justiça *sui generis,* devereis confessá-lo.

Tudo no mundo avança, tudo caminha; só vós, no centro de tanta luz, quereis conservar intactos os princípios que tiveram sua razão de ser no passado, mas que hoje são repelidos pelo bom-senso.

As faltas por cada um de nós cometidas na erraticidade ou em outras vidas, são a causa, a origem de nossa presente encarnação; elas são o pecado original cometido por cada um.

Procurastes a maior felicidade terrena, para pô-la em

* *N.R. (JDM) - Disse Cristo inspirando ao Apóstolo Pedro (Ver Atos dos Apóstolos 2:17, segundo Joel 2:28.*

contraste com as lágrimas da virtude oprimida, e não encontrastes senão a opulência mergulhada na voluptuosidade; de modo que para vós a felicidade consiste no gozo da matéria; não vos lembrastes da paz, da satisfação da consciência do justo, no que devia estar concentrada toda a ventura do que pretende ser sectário daquele que disse: *"Meu Reino não é deste mundo"*.

O opulento mergulhado na voluptuosidade não é feliz; é um pobre que prepara para si as duras provações no futuro.

Se em vosso caminho encontrardes a virtude oprimida, acreditai que é uma dívida passada que ali se paga, mas correi a enxugar-lhe as lágrimas, buscai dar-lhe consolo para que ela triunfe de sua provação.

Fazei-o, é vosso dever.

Deus vos manda fazer aos outros o que querias que vos fizessem.

Combateis a reencarnação, sem vos lembrardes que, falando aos Judeus, o Apóstolo Paulo disse:

"Sua perda é a reconciliação do mundo, seu restabelecimento não será mais que uma vida restaurada de entre os mortos".

O que entendeis por vida restaurada?

Não será uma nova existência?

Avançais que a reencarnação dá lugar a que o homem, tendo a certeza de chegar um dia à felicidade dos justos, não se esforça por se melhorar, pouco se lhe importando ter poucas ou muitas reencarnações antes de atingir esse fim.

É a conseqüência de quererdes dar opinião sobre o que não estudastes.

Os sofrimentos do mau na erraticidade são terríveis e fazem inevitavelmente marcar-lhe no Espírito o desejo de progredir.

Direis ainda que, se fizermos desaparecer da consciência do povo a idéia da justiça de Deus, ele perderá as de moralidade, ordem, respeito, honra e virtude, e cairá no maometismo.

Encaixastes aqui a palavra - maometismo - em falta de

outra, porque não podemos crer que sectários de uma religião de amor, justiça, lanceis sobre esses nossos irmãos uma acusação tão injusta.

Se no maometismo encontramos cunho de sensualidade, é isto um fato natural do clima e do gênio do povo entre o qual nasceu; a vossa religião também tem cunho de ferocidade, herança do fanatismo semítico.

O Deus dos Judeus era judeu, o vosso é católico romano, o de Maomé tinha para pátria o universo inteiro e não protegia especialmente uma raça.

Segundo o Corão,* as nações podem desaparecer, mas Deus conserva-se sempre o mesmo.

O maometismo teve sua razão de ser: ele foi um protesto da razão contra o sobrenatural do catolicismo, que então não era mais que uma mistura confusa de práticas pagãs, idéias cristãs e fórmulas ininteligíveis, e que, em vez de pregar aos bárbaros a idéia de Deus, se consumia em vãs disputas de metafísica, votando, como os idólatras, um culto às imagens.

Essa religião combateu o panteísmo do Oriente e reivindicou para o homem a individualidade e a imortalidade.

O elemento com que ela concorreu para o progresso da humanidade, foi o sentimento do dever, da abnegação, do devotamento e da caridade, como uma afeição que leva o homem a sacrificar-se pelo bem da humanidade.

Maomé admitia Cristo como um profeta divino, e já vos acusava então por alterardes com práticas idolátricas a pura doutrina que tínheis recebido.

Como uma arma de guerra, ele pregou a predestinação e com isso tornou seus crentes invencíveis nos campos de batalha.

Contudo, ele não negava completamente a liberdade, tanto que admitia a responsabilidade, só considerando fatal o momento da morte.

Se dessa doutrina nasceu a indiferença dos muçulmanos diante de todas as calamidades da vida, se dela resultou seu

---

**N.R. (JDM) - Ver Kardec, Allan (Revista Espírita, FEB, Agosto e Novembro de 1866).*

estacionamento na via do progresso, isso foi só filho da moleza do caráter oriental, e vós não vos deveis vangloriar por não haverdes chegado ao mesmo ponto, porque isso não foi uma obra da raça germânica que venceu-vos nessa luta.

Que seria da humanidade se, com as idéias de justiça que a ciência tem feito germinar em seu coração, ela pretendesse ainda admitir os dogmas retrógrados que lhe quereis impor?

Sujeitais, assim, o homem a sustentar em seu íntimo uma luta superior às suas forças, ou lhe ensinais a hipocrisia de sua vida social, uma verdadeira mascarada.

A doutrina do Corão, admitindo a unidade de Deus, prega aos homens a fraternidade, a igualdade e a caridade.

Vede quanto fostes injustos com o maometismo.

* * *

As ordens religiosas

Reformador, fevereiro de 1884

A sociedade não é mais que a reunião de um certo número de homens, com a condição de se prestarem um mútuo auxílio, de trabalharem todos para o bem comum, gozando cada um de tanta liberdade quanto seja compatível com a liberdade dos outros.

Baseados nesse princípio, nós não cremos que assista a alguém o direito de impedir que um dos membros da sociedade se volte à carreira em que julga poder prestar mais serviços, que Pedro ou Paulo tome o hábito de uma das ordens religiosas, se faça frade, quando nada o impede de fazer-se soldado, comerciante ou lavrador.

Ninguém, porém, negará à sociedade o direito de impor a todos os seus membros a obrigação de trabalhar para o progresso geral, sob pena de, em caso contrário, também lhe recusar a sua proteção.

Deixe-se que quem quiser seja franciscano ou beneditino, mas exija-se que o frade trabalhe, que seja útil aos outros.

Inumeráveis hordas selvagens vagam nas florestas do Amazonas, Goiás e Mato Grosso, mande-se o frade catequizá-los, chamar esses infelizes ao grêmio da civilização.

Não nos é possível negar que, no estado de merecimento em que eles se acham, só o catolicismo, só a religião da fé imposta, pode pôr um freio em suas paixões desordenadas, até que suas inteligências desenvolvidas se achem nas condições de separar o joio do trigo, de escolher o que devem aceitar e o que devem repelir.*

Concedendo, porém, ao frade essa missão tão alta, não julgamos que a sociedade deva renunciar ao direito de tomar-lhe contas, de modo por que a desempenha, de castigar-lhe convenientemente se ele delinqüir.

Dirão, sem dúvida, que as ordens religiosas têm suas leis especiais, suas ordenações, cuja execução só o papa tem o direito de avaliar; mas é natural também que, quando disso provenha um mal à sociedade, esta deva intervir porque todos os seus membros não estão sujeitos a tais ordenações.

No caso vertente, os religiosos podem ser chamados à ordem pelo poder civil, porque os selvagens não são frades, não estão sujeitos às leis exclusivas das ordens religiosas.

Como um pai, cumpre-nos tomar contas aos missionários do modo como educam nossos filhos, nossos irmãos mais novos, que ainda vivem nas trevas do barbarismo.

Em vez de aqui, como em toda parte, gastar o seu tempo em fazer prédicas subversivas da ordem estabelecida e julgar a desunião da família humana, siga o padre brasileiro para os sertões, onde pode prestar serviços mais importantes.

Vão, busquem ao menos mostrar aos excessivamente crédulos que houve uma aparência de justiça na herética canonização de tantos frades e beatas, cujos nomes enchem o calendário católico, e sob cujo peso não sabemos como ainda o

* *N.R. (JDM) - Hoje há uma nova visão do trabalho missionário entre os povos indígenas: respeito pela sua cultura e religião natural.*

céu não nos caiu sobre as cabeças.

* * *

O Espiritismo

Reformador, setembro 1885

Seu lugar na classificação das ciências - sua importância como filosofia moral - suas relações com as outras ciências - sua poderosa influência ao desenvolvimento destas.

O esplêndido desenvolvimento que vai tendo a propaganda espírita pelo mundo inteiro, fazendo desmoronar as barreiras que a intolerância havia levantado entre os sectários das diversas religiões e espantando os sábios com os meios simples e naturais que lhes oferece para resolver as mais árduas questões científicas - relativamente as quais até então nos contentávamos com hipóteses mais ou menos verossímeis - levou-nos à arrojada empresa de dizer alguma coisa sobre o Espiritismo, esse foco de luz deslumbrante, essa aurora majestosa, dos tempos preditos pelo Cristo, cujos primeiros alvores vão já espancando as densas trevas da sombria noite em que caminhava a nossa humanidade, ferida pela descrença nascida da formidável luta que nestes últimos tempos se tem empenhado entre a ciência e a religião, mas sempre tendo uma vaga esperança do aparecimento de um farol que a levasse ao porto de salvamento.

Desde os tempos mais remotos até os que de nós se avizinham, surgiram sempre, no seio de todas as sociedades, alguns indivíduos dotados de certas faculdades extraordinárias que não podiam deixar de atrair sobre si a atenção das massas.

Eram esses fenômenos que, na exaltação do êxtase ou no

meio das convulsões horripilantes de um ataque epiléptico, pregavam grandes verdades acerca dos acontecimentos então presentes e, mesmo, avançavam outras cuja justeza o futuro encarregou-se de demonstrar.

Eram os adivinhos, os videntes, os profetas, os possessos ou demoníacos, entes supostos privilegiados que despertavam a admiração ou o terror nos circunstantes, mas cujas faculdades maravilhosas o mundo de então, por seu atraso intelectual, não podia explicar de um modo racional e conforme com as leis da natureza.

Não eram simples fenômenos do organismo; os indivíduos assim afetos mostravam, nesses momentos, um conhecimento muito superior ao que possuíam no estado normal.

E, porém, somente de há trinta anos a essa parte, que estes fenômenos, e uma infinidade de outros não menos importantes e admiráveis, começaram a produzir-se com muito maior freqüência e nas condições de serem mais bem observados, de modo a se poder de seu estudo deduzir as leis que os regulam em suas manifestações.

Hoje, por todo o mundo, sábios de incontestável mérito, rompendo com os loucos preconceitos das sociedades em que vivem, erguem suas vozes autorizadas para atestar a realidade a esses fenômenos, que alguns espíritos frívolos e vaidosos tentam ainda classificar como fruto de uma alucinação, a conseqüência de um desarranjo cerebral.

Assim, a Sociedade Dialética de Londres, uma das mais respeitáveis corporações do mundo, atestou, depois de maduro e consciencioso exame, que sem a intervenção de qualquer artifício do homem e ser impossível qualquer embuste, ouviram-se os golpes distintos produzidos nas paredes, no soalho, no teto e nos móveis que guarneciam um gabinete; viram-se corpos pesados serem arrastados de um lugar para o outro ou suspensos ao ar, contrariamente às leis da gravidade; e por uma convenção previamente estabelecida, esses golpes repetiam-se o número de vezes preciso para designar o número de letras do alfabeto em que aí possa, pela junção dessas letras, formar as palavras que vinham dar às perguntas formuladas, respostas do mais elevado alcance científico.

A essa declaração da Sociedade Dialética de Londres, poderiam juntar uma infinidade de outras feitas por homens cujo critério científico alguém jamais ousou pôr em dúvida e, entre os quais, muitos eram até então aferrados sectários do positivismo materialista, mas que, à vista dos fatos tão concludentes, não trepidaram um momento em abjurar das crenças do seu passado, para render pleito à verdade.

Desses fenômenos tão simples e que foram, a princípio, um mero passatempo de salão, surgia, assim, a revelação de um mundo novo, que veio derramar intensa luz sobre o tão difícil problema do verdadeiro destino do homem na criação.

Neste caso, perguntar-nos-ão: estarão esses estudos nas condições exigidas para que os consideremos como o objeto de uma ciência especial?

Não temos receio de responder afirmativamente, e é da demonstração do que avançamos que nos vamos ocupar nesta publicação.

É muito vasto o assunto para que possa ter aqui um desenvolvimento completo. Resumiremos, esforçando-nos o mais possível para que a nossa exposição seja clara e ao alcance de todos.

Chamamos ciência ao conjunto de conhecimentos adquiridos sobre uma matéria determinada, reduzida a um sistema ou a um corpo de doutrina, e que podem se tornar o objeto de um estudo especial.

A divisão mais geral e natural das ciências é a que as separa em duas grandes classes: das que têm por objeto as relações abstratas que podem existir entre os fenômenos, e das que se ocupam desses fenômenos considerados em si mesmo.

Entre essas duas classes há uma linha de demarcação profunda.

Aquelas generalizam as leis das relações qualitativas e

quantitativas, consideradas fora dos objetos que elas ligam, são nas relações de coexistência e sucessão de que se ocupam a lógica e a matemática.

Estas, deixando de parte as formas ideais sob as quais as causas podem ser estudadas, tratam de observar e conhecer essas coisas em si mesmas.

Esta segunda classe de ciências comporta uma subdivisão, não tão profunda como a supramencionada, porém mais profunda que a que existe entre duas quaisquer ciências separadas do grande agrupamento a que elas pertencem.

Os fenômenos que observamos na natureza são mais ou menos complexos, resultam ordinariamente modos distintos de ação de uma ou mais forças, e nós podemos estudar à parte cada um desses modos de ação abstraído dos outros, ou todos eles conjuntamente em suas relações.

Ali desprezamos todas as circunstâncias dos casos particulares, ao passo que aqui atendemos a todas elas.

As verdades obtidas pelo primeiro modo de investigação, bem que se refiram a um objeto particular, se apliquem a uma realidade objetiva, são abstratas como se referindo a modos de existência considerados isoladamente uns dos outros; ao passo que as verdades conseguidas pelo segundo modo de investigação são propriamente concretas como representando os fatos com todas as circunstâncias em que os observamos na natureza.

À primeira subdivisão pertence a mecânica, a física, a química etc., que estudam os fenômenos em seus elementos; e à segunda a astronomia, a geologia, a biologia, a psicologia etc.

O Espiritismo trata de um agregado de seres particular e determinado - o mundo espiritual; uma observação rigorosa tem nos fornecido a respeito conhecimentos que foram sistematizados ou reduzidos a um corpo da Doutrina que pode ser o objeto de um estudo especial.

A ninguém, portanto, é permitido repensar-lhe um lugar no catálogo das ciências naturais ou positivas.

Ele estuda as condições de vida de uma certa ordem de seres, os fenômenos pelos quais a vida neles se manifesta, as leis que os regem e todas as relações que se prendem aos outros reinos da natureza.

Por conseguinte, como a geologia a biologia etc., o Espiritismo pertence à subdivisão das ciências concretas.

Compreende a nova ciência duas partes bem distintas: a que estuda esses seres em si mesmo, as diversas maneiras por que eles nos podem impressionar e demonstrar sua existência e seu modo de vida, parte a que damos o nome de espiritismo experimental; e a que estuda as leis gerais que regulam a vida no mundo espiritual, parte filosófica de incalculável importância porque ela abrange em um só todo a criação inteira.

* * *

Lamberta do Nascimento

Reformador, março de 1886

Cândida e mimosa florzinha que, no despontar da aurora, te balançavas descuidada na débil haste, erguendo a fronte aljofarada pelo límpido orvalho da manhã, outras tuas diletas companheiras dos jardins terrenos! Meiga criança que ainda extasias-te, ao escutar os doces hinos da inocência com que a natureza saúda o reaparecimento do astro do dia! Curtos, bem curtos e sem cuidados tinham de ser os dias de tua peregrinação terrena! Apenas a vida começava para ti, adornada de todos os encantos de uma doce ilusão, quando o gélido sueste dispersou-te as pétalas sobre o úmido solo, expondo às vistas de teus amigos surpreendidos os frágeis rostos daquela que em si tinha concentrado os mais ternos afetos de sua alma.

Mas, ah! Partido o vaso que o encerrava, o aroma precioso

elevou-se, embalsamando o ambiente até o trono d'Aquele que, com indefectível justiça, distribuiu seus dons entre seus filhos, segundo as necessidades e os merecimentos de cada um.

As provações terrenas, as dores que nos pungem em nossa efêmera existência neste vale de expiações, eram demasiado pesadas para ti, e o Pai celeste chamou-a para junto daqueles que ansiosos esperavam a tua volta ao mundo da verdade.

Parte, adorada criança, e lá do alto vigia sobre aqueles que aqui deixastes, e por eles implora sempre ao Pai de amor e de misericórdia.

* * *

A turbação dos Espíritos errantes depois de sua separação do corpo

Reformador, maio de 1886

Ensinam os mestres do Espiritismo, e as manifestações dos Espíritos confirmam, que depois de sua separação do corpo, no fenômeno da morte, o Espírito conserva-se perturbado por um tempo maior ou menor, supondo-se ainda na vida de relações e dominado pelas idéias que mais o ocuparam na vida.

Outras vezes, porém, o Espírito conhece que já não tem corpo, mas sente-se perturbado pelo remorso.

Nesta fase de turbação, tenho observado um fato importante, sobre o qual creio conveniente chamar a atenção dos que se dedicam no estudo do Espiritismo e dos fenômenos medianímicos, principalmente das manifestações do Espírito pouco tempo depois de sua desencarnação.

Por muitas vezes, tenho observado que Espíritos que se manifestam calmos, com a lucidez precisa para compreender que já não pertencem ao número dos encarnados, e para julgar de sua vida, do bom e do mau uso que fizeram de seu livre-arbítrio; vêm, algum tempo depois, perturbados pelo sofrimento e, às vezes, em completo estado de alucinação.

Impressionou-me isto a princípio, mas amigos invisíveis deram-me uma explicação que nos parece razoável, e para a qual chamo a atenção dos entendidos na matéria.

A lucidez do primeiro tempo tem por fim permitir que o Espírito estude seus atos da última vida, o bem e o mal que fez e o que deixou de fazer para a satisfação do compromisso por ele contraído antes de encarnar. Conhecida, então, a causa de suas faltas, isto é, os sentimentos maus que o arrastaram à queda, começa para ele um período de lutas para repelir esses sentimentos maus. Os remorsos de suas faltas impelem-no à luta; e daí provém esse sofrimento que, às vezes, conduz o Espírito à alucinação.

É um fato que julgo ter sido ainda pouco observado, ou pelo menos em que pouco tenha ouvido falar e que pode provocar dúvidas entre os médiuns que, evocando um mesmo Espírito em tempos diferentes, uns o encontrem calmo e outros, sofredor e perturbado.

Creio ser um ponto digno de estudo.

* * *

Uma viagem a outro mundo Conto espirítico

Reformador, dezembro de 1888

Estamos em pleno mar, reina com plena calma na terra e no ar, nem uma ruga na face do elemento salso, nem uma nuvem no céu. O vento que soprava de leste, depois de voltar para o norte e saltar por diferentes pontos do compasso entre o norte e o oeste, caíra de todo.

O Adria, paquete* que fazia viagens de New York para a América do Sul, avançava a toda força em demanda da foz do Prata. Os passageiros, ignorantes do perigo que os ameaçava, buscavam ansiosos descobrir a terra depois de tão longa viagem. Só o comandante, velho lobo do mar, passeava inquieto, dando suas ordens e fitando sempre o horizonte.

Súbito, surgiu no ocidente uma pequena nuvem negra, que se foi estendendo para os lados sem elevar-se muito, e depois subiu rapidamente, envolvendo o firmamento. Era o pampeiro, esse fantasma aterrador dos mares do sul, que chegava com o seu medonho cortejo de chuva, relâmpago e trovões. O vento soprava furioso, impelindo para a costa o navio, envolto em montanhas d´água. Transidos de medo, os passageiros fugiram para a coberta. Somente um conservou-se encostado à amurada; era Pedro de Lira, homem de média idade, caráter sisudo e bom, que vinha de longe ao encontro de sua família, residente na República Oriental.

A máquina do paquete era impotente para dominar a correnteza que o atirava para a costa. De súbito, sentiu-se um violento choque, o navio fora de encontro a uma pedra, e a água invadiu-lhe o bojo com insuperável impetuosidade. Tudo estava perdido; seguiu-se indescritível desordem, em que o feroz egoísmo abafou todos os outros sentimentos, tratando cada um de salvar-se como pudesse. O navio adornou, a onda envolveu-o e arrastou-o ao fundo do abismo.

* * *

Ferido e enfraquecido pela perda de sangue, Pedro de Lira, seguro a uma tábua, se aproximava da praia, donde alguns pescadores faziam-lhe sinais e gritavam para animá-lo, sem buscarem, contudo, aventurarem-se no mar. Mas quando apenas algumas braças o separavam da praia, o infeliz perdeu os sentidos, a tábua fugiu-lhe e ele desaparececeu.

N.R. (JDM) - Navio.

* * *

Por mais forte que seja o seu ânimo, por mais desabusado que ele seja, não há homem algum que não se sinta amesquinhado, arrebatado por um sentimento de admiração e dominado por invencível terror, quando inopinadamente se ache transportado ao seio de uma dessas florestas virgens, vendo a luz do dia escassamente penetrar onde insuperáveis troncos robustos, tão velhos como o mundo, entrelaçam seus frondosos ramos, faltando-nos a vista do céu; onde o acre aroma das flores e plantas silvestres nos embriaga e dá-nos vertigens, e os cantos, gritos, silvos e uivos das aves, répteis e feras, mil confusos ruídos, nos atordoam e acovardam.

Tal era a posição em que se mostrava o nosso conhecido Pedro de Lira.

Como foi transportado para esse ponto? Onde estava? Mistério impenetrável!

Todas as cenas, as peripécias tantas de sua vida, se lhe haviam apagado da mente; restava-lhe apenas a consciência do seu eu, do seu nome, e de não ser esse o primeiro dia de sua vida terrena, e mais nada. Era Pedro de Lira, mas completamente são e forte, ainda que desmemoriado.

Ele fixou por algum tempo esses velhos gigantes das florestas, buscando inutilmente compreender como ali se achava. Caminhou sem destino, encontrando animais e aves silvestres, quase todos de cor escura e formas pesadas e extravagantes, como ele ainda nunca tinha visto. Pasmou-se da estupidez desses animais, que deixavam-no aproximar-se e observá-los sem parecerem notar a sua presença.

O estrondo medonho de uma queda d'água chamou-lhe a atenção; seguiu nesse rumo, e cerca de meia hora depois, avistou um rio caudaloso, de águas muito turvas, no qual se despenhava gigantesca e espumosa cascata. Que lugar era esse da Terra, onde tudo se mostrava com um cunho de grandeza esmagadora? Onde nada denunciava a ação modificadora da atividade inteligente do homem? Mistério insondável.

Um ronco pavoroso fê-lo estremecer, e mal se havia ele escondido nos matos que marginavam o rio, viu avançar uma fera, um monstro que lhe parecera pertencer à raça felina sem nada se assemelhar a algum dos tipos conhecidos.

Seus olhos pareciam lançar chamas, de sua face escancarada, defendida por formidável presa, saía um bafo que empestava. O desgraçado julgou-se perdido e encomendou-se a Deus. Mas eis que, partida do mato, uma grande pedra feriu o monstro na fronte e logo, impetuosamente, arrojou-se sobre ele um outro animal igualmente feroz.

Sua força parecia humana, não tinha pêlos e a cor de sua pele era clara. As duas possantes feras rolaram abraçadas, mordendo-se e buscando cada uma despedaçar com suas unhas os flancos da outra. Seus uivos confundidos ecoavam nas brenhas derramando o medo nesses ermos. A luta cessou, os contendores dilacerados, banhados em sangue, estavam mortos ambos.

Pedro aproximou-se para ver o animal que viera ali por último. Era um homem na forma, mas sua fisionomia apresentava tal cunho de bestialidade feroz, que intimidaria ao mais corajoso filho da Terra. Sua pele era branca, não como a da nossa raça caucásia, mas como a dos assas cheias de manchas escuras e amarelas que inspiravam asco.

Seus músculos, sua armação óssea eram fortes, suas mãos armadas de unhas possantes, agudas e curvas como garras, seus beiços grossos e salientes, suas mandíbulas guarnecidas de formidáveis caninos; seu nariz aquilino, sua fronte fugidia, sua cabeça apenas apresentando na parte posterior compridas melenas ásperas e fulvas. Estava completamente nu.

Era um homem, mas selvagem de mais baixo grau, em que podemos supor caída a raça humana.

Que raça era esta? Pedro não sabia a resolução que devia tomar, tal era o terror que o dominava.

— Vamos, coragem! - disse-lhe um velho que, como por

encanto, surgiu ao seu lado.

— Quem és? - perguntou-lhe.

— Sou um amigo - respondeu-lhe o recém enviado - um pobre extraviado como tu; um homem que, como tu, busca fugir desta tétrica e horrorosa morada.

— Como te achas aqui?

— Como tu, também ignoro, mas nada temas, sou da tua raça, e já estou aqui há mais tempo. Vem, eu quero fazer-te conhecer melhor esses selvagens; nada receies, eu tenho um modo de evitar que eles nos vejam, mesmo estando em contato conosco.

Pedro achou extraordinário o que lhe disse o velho, sempre com um sorriso benévolo; mas o que fazer? Resignou-se e seguiu-o.

Através do longo caminho por entre o mato, chegaram a um descampado.

O sol já estava abaixo do horizonte, mas o crepúsculo dava ainda luz bastante para que pudesse observar. Três indivíduos semelhantes ao que ele havia visto, despedaçaram com as garras e os dentes um pequeno animal e devoravam-no sem preparo algum. Um deles parecia enfermo e fraco, os dois outros estavam em pleno vigor. Notou que disputavam, e de repente um dos últimos lançou-se sobre o primeiro, estrangulou-o e apossou-se de sua parte da presa.

Alguns outros que estavam mais retirados, homens, mulheres e crianças, todos do mesmo tipo, todos igualmente de fisionomias ferozes e repulsivas, se aproximaram do cadáver ainda palpitante e começaram a devorá-lo. Pedro recuou horrorizado.

— Não recues - disse-lhe o velho. — Eis o que é o homem em suas primitivas encarnações na raça humana. Todos nós, como eles, já vivemos assim, sem pátria, sem leis, verdadeiras feras em seu antro selvagem. Não têm casas, moram nas brenhas ou nas cavidades dos montes, disputando aos animais ferozes seu alimento diário e seu lugar ao sol. Somente três sentimentos os dominam: a necessidade de alimentar-se, a de procriar e um invencível temor do desconhecido.

São verdadeiros párias da esplêndida sociedade que se derrama por esses mundos tantos que lhes adornam o firmamento. Não conhecem outra arma além daquelas que lhes doou a natureza, ou das pedras que arremessam a pulso, sem preparo algum. Conservam o fogo com que se iluminam à noite e aquecem suas lúgubres cavernas, mas não sabem produzi-lo nem utilizá-lo de outro modo. Eles o deveram ao incêndio propagado na encosta de uma de suas montanhas pela erupção de um de seus formidáveis vulcões. As fêmeas tornam-se tigres defendendo seus filhos dos apetites canibais dos machos. Sua religião, pois não creia que existe no universo inteiro uma raça totalmente descrente, é a que pode gerar o medo do desconhecido; o raio, o trovão, o relâmpago, são para eles as manifestações da cólera de um ser invisível, sempre irado, sempre inimigo do homem. Também os astros lhes ferem a atenção, e eles crêem serem os muitos olhos desse ente misterioso. Sigamos.

Tempos depois, eles chegaram a um outro lugar descampado, iluminado pelo clarão de uma fogueira. Ali havia grande ajuntamento. A raiva os dominava: eles falavam, gesticulavam e pareciam ameaçar um indivíduo da sua raça, que ocupava o centro do grupo. Era uma mulher. Apesar dos sentimentos de asco e terror que, como os outros, ela inspirava, havia em sua fisionomia alguma coisa que despertava comiseração.

Ela chorava e erguia aos céus olhos suplicantes, como esperando alguma coisa desse ente que ali todos refutavam inexorável e mau.

— Repara bem naquela infeliz - disse o velho a Pedro. - Quando o Espírito, em suas encarnações, se mostra rebelde a todo o progresso, persevera por vontade no mal, apesar dos sofrimentos que estes atraiam, segundo as irrevogáveis leis do Criador é lançado nesses mundos primitivos onde, com a consciência perfeita da posição que ocupa e donde suas faltas o expeliram, vem sofrer o merecido castigo, entre esses seres degradados e ferozes, a fim de, pelo arrependimento, reconquistar o perdão e continuar no caminho do progresso, do posto em que se achava.

O Espírito encarnado naquela mulher viveu na Terra, ocupou elevada posição, sentou-se num trono, foi um demônio impudico, sangüinário e cruel; teve lá mesmo outras encarnações, cada vez mais dolorosas e em condições apropriadas a domar-lhe a energia criminosa; foi impossível, suas inclinações perversas dominavam-na sempre. Sofreu muito na erraticidade, viveu no isolamento, tendo sempre diante dos olhos o quadro de suas faltas; nada pôde dobrá-la; caiu, caiu muito, a ponto de merecer esta encarnação. Hoje, ela sente nojo da sua degradação, está vencida, vê como ela chora e suplica a Deus o perdão por suas faltas. Eis o que é o inferno; mas não é eterno, pois estes infelizes serão um dia o que nós somos, como nós já fomos o que eles são.

Esplêndido era o céu. Entre as miríades de astros que recamavam o manto avermelhado do firmamento, três se distinguiam por seu brilho, duas vezes maior que o das nossas estrelas de primeira grandeza; era um deles de uma brancura ofuscante, o outro amarelo, e o terceiro vermelho.

— A mulher que aí vê - continuou o velho -, de uma inteligência mais lúcida que a de seus companheiros, é por eles reputada um ser estranho, capaz de inferir na natureza, uma espécie de feiticeira. Acusam-na, agora, de não usar de seu poder para fazer aparecer o astro que se esconde atrás daquela pequena nuvem que ali descobres. Se a nuvem conservar-se assim por mais algum tempo, ela morrerá.

O céu ouviu a súplica da infeliz arrependida e a nuvenzinha, continuando em seu lento movimento, deixou descoberta uma estrelinha azul. Um só grito formado de mil gritos subiu aos céus, e os selvagens caíram todos de braços estorcendo-se no chão em sinal de respeito.

— Que estrelas são aquelas? - perguntou Pedro.

— Não são estrelas - respondeu o velho -, são planetas: o branco é Júpiter, o amarelo Palas, o vermelho Ceres, e o azul Vitória.

— Mas esses planetas - tornou Pedro - não são visíveis na Terra a olho nu, com exceção de Júpiter.

— Sim - respondeu o velho -, mas nós não estamos na Terra; vês, além, o sol que desperta; seu disco é nove vezes menor que aquele que estás acostumado a ver.

— Não estamos na Terra - disse Pedro assustado. - Então que mundo é este?

— É o planeta Juno.

Estar em Juno! Então ele tinha morrido na Terra. A lembrança de sua família despertou-se viva na mente de Pedro de Lira, e ele bradando: *"Meus filhos!"*, perdeu os sentidos.

* * *

Estamos no dia imediato ao do naufrágio do paquete Adria. Em modesta sala de uma casa próxima à praia, achamse reunidas várias pessoas junto ao leito de um enfermo que, há mais de vinte horas, está sepultado em profundo sono, do qual os mais fortes reagentes não têm conseguido despertar.

A fadiga, uma forte emoção e grande perda de sangue, proveniente de um ferimento no lado, reduziram-no a esse estado.

Era Pedro de Lira, salvo das ondas por um pescador que, com risco de vida, se lançara em seu auxílio.

De repente, um ligeiro estremecimento percorreu-lhe o corpo até então inerte, os músculos de sua face se contraíram e, com acento fundamente doloroso, ele exclamou: *"Meus filhos!"*, e abrindo os olhos, fixou os presentes, como querendo reconhecê-los.

— Todos aqui! - disse com voz fraca. - Ainda vivo, mas sinto-me muito abatido. Que foi isto?

Contaram-lhe a história do naufrágio, e aos poucos ele se lembrou de tudo, até o momento em que perdera os sentidos já próximo da praia.

— Depois - continuou ele -, tudo se me apagou da memória, fui transportado a um lugar muito distante daqui. Estive no inferno. Como tudo aquilo é horrível!

— Foi um delírio - disse o médico -, efeito da febre. Descanse, quando ficar bom, contar-nos-á o que viu.

— Sim, eu lhes contarei depois. Mas desde já asseguro que o Espírito não morre com o corpo, que a Terra não é o único ponto habitado no universo, e que a justiça de Deus governa infalível a criação inteira.

* * *

O Espiritismo

Revista Espírita do Brasil, agosto de 1897

Causa assombro a rapidez prodigiosa com que as idéias espíritas se vão propagando pelo mundo inteiro. Não há um ponto do planeta em que os augustos mensageiros da Divindade não se tenham feito ouvir, chamando os homens ao bom caminho, lembrando-lhes as virtudes que eles iam esquecendo, fascinados pelos esplêndidos triunfos que vão obtendo no estudo dos fenômenos da natureza; e dando-lhes o verdadeiro sentido dos ensinos que do Alto lhes têm sido transmitidos nas diversas fases de sua peregrinação pela Terra; ensinos que, por falta de luzes, eles interpretaram de um modo adequado aos conhecimentos e usos do seu tempo; mas que hoje, com os progressos feitos nas ciências e na moral, devem ter outra interpretação mais conforme com as idéias que formamos dos atributos essenciais da força onipotente e onisciente criadora e regeneradora do universo.

Já em tempos que vão bem longe, dissera Joel: *"Derramarei meu espírito por toda Terra; os velhos terão sonhos, os moços profetizarão, e dos quatro cantos da Terra eu chamarei os descendentes de Abraão"*.

Não estaremos testemunhando a realização completa dessa profecia? O que são as mediunidades tão profusamente desenvolvidas pelo mundo inteiro, sem distinção de classes, de nacionalidades, de crenças, de instrução etc., senão o derramamento do espírito de Deus no seio de todos os povos pela voz de seus enviados? Quem são esses descendentes de Abraão, senão os crentes que por toda parte se levantam, aceitando e propagando os ensinos que recebem?

Saídos de suas florestas para suplantar o colosso romano, corroído pelo tempo e minado por medonha corrupção, os bárbaros germanos não possuíam o desenvolvimento intelectual e moral preciso para compreender o sentido real, o espírito dos ensinos do Cristo. A Igreja Romana, que teve por missão a educação desses bárbaros, teve necessidade de acomodar seus ensinos ao gênio, aos usos, ao grau de desenvolvimento daqueles homens, apenas saídos do selvagismo.

Daí proveio a necessidade de corporizar, de materializar tudo, de buscar ferir essas inteligências ainda tão pouco cultas com a majestade e a pompa do culto externo; de tentar abrandar esses gênios turbulentos e vingativos com a ameaça de penas atrozes e eternas, e levantar as mentes abatidas dos servos com promessas de uma felicidade de anjos em uma outra vida.

Incumbido dessa tarefa, o catolicismo cumpriu a sua missão, ele deu aos bárbaros o que eles podiam receber.

Se na propaganda houve desvios, foram eles fruto das imperfeições dos homens, das paixões filhas do atraso do homem de então.

Sua obra aí está.

Tudo, porém, caminha, o progresso é uma lei universal. Os filhos dos bárbaros já não são bárbaros; a ciência avança sem descanso devassando os segredos da natureza, e com o seu progresso o homem se eleva moralmente, compreendendo melhor a sua posição na sociedade e no mundo.

As interpretações dadas pela Igreja Católica a nossos pais já não devem conservar aquele cunho de materialidade e terror, ali necessário para impressioná-los e contê-los em suas paixões.

O homem, porém, é sempre exagerado em seus juízos, achando que algumas das interpretações dadas pela Igreja Romana - produtos das necessidades do tempo - aos ensinos do Cristo, estão em antagonismo manifesto com as leis eternas e absolutas que regem a criação; que algumas delas vão ferir os atributos que a moral nos ensina deverem adornar o Criador e Regedor dos mundos; ele não se limita a emendar ou deixar de lado essas interpretações, mas avança de mais, e repele todo o ensino da Igreja.

Assim, de volta com as interpretações reconhecidas errôneas, conquanto necessárias outrora, a ciência materialista pretende roubar ao homem o sentimento religioso, tão indispensável ao seu progresso.

As idéias da existência de Deus e da imortalidade da alma humana, base de toda a crença, único ponto de apoio da moral, iam ser lançadas para longe quando se fez ouvir a voz dos espíritos trazendo aos homens inconcussas provas da realidade dessas grandes verdades.

O Espiritismo vem, pois, no tempo apropriado, prestar um grande serviço, não só ao catolicismo, mas a todas as religiões que entre si ainda repartem o império do mundo, dando-lhes a prova da existência de Deus e da imortalidade da alma humana.

O fim do Espiritismo é a moralização do indivíduo, cultivando o sentimento religioso que deve acompanhá-lo no desenvolvimento de suas faculdades em todos os terrenos, encaminhando seus estudos para o terreno da perfeição, que é Deus.

* * *

A obsessão

Revista Espírita do Brasil, setembro de 1897

Tudo no universo é regido pelos princípios de uma indefectível justiça. Todos os nossos sofrimentos são filhos de nossos erros e imperfeições. Nossa encarnação em um corpo de lama, sujeito a tantas dores e contrariedades, não é mais que um meio para combatermos as más inclinações, os vícios do nosso espírito, inclinações e vícios que produziram nossas quedas e nossas passadas existências. É nessa luta, nessa aprendizagem, que nos havemos de purificar, expelindo do nosso eu todos os sentimentos maus que impossibilitam avançar sem tropeços, em busca da aventura que Deus reserva aos que se empenham em obedecer à risca os preceitos que Ele impõe a todas as suas criaturas.

Deus não pune; Deus corrige para que, regenerados, possamos alcançar a dita de que gozam os bons.

Assentados esses princípios, entremos no estudo do nosso assunto.

O homem que, concentrando-se, lança de seu retiro suas vistas investigadoras sobre a sociedade atual, não pode deixar de sentir-se impressionado pela luta medonha que observa no seio de todas as classes que a constituem. Há um desassossego, um mal-estar geral, prelúdio certo de grande revolução, donde nascerão reformas mais conformes com o estudo de adiantamento intelectual e moral que já temos adquirido.

Não é no mundo dos encarnados somente que se patenteia essa agitação; ela é também formidável no seio daqueles que viveram na Terra e hoje, desprendidos dos laços da carne, vagam no espaço, em comunicação constante com os primeiros.

As obsessões se manifestam por toda parte, de um modo que causa medo. Os espíritos viciosos e perversos, pressentindo a aproximação dos tempos preditos pelo Cristo, em vez de se esforçarem para se afastar do mau caminho que têm trilhado, atiram-se sobre aqueles em quem descobrem alguma afinidade de sentimentos com os seus, tentando impedi-los de, se regenerando, evitar os tormentos que os pungem.

Não acusemos a justiça divina; ela nos dá os meios de nos libertarmos dessas influências, repelindo os sentimentos maus que nos submetem a sua ação.

Em um dia do mês último, eu pensava nessa luta que os Espíritos dizem se empenhar entre os habitantes do Espaço e os que se acham ainda presos a um corpo neste mundo, quando espontaneamente se me manifestou o Espírito de um homem que eu conheci na vida de relações, e a quem apreciava por sua moralidade e amor à justiça.

— Estudas a obsessão - me disse ele - eu quero ajudar-te, contando-te fatos por mim bem conhecidos, pois que comigo mesmo se deram.

"Minha narração remonta a um tempo que já vai de nós bem longe. Eu não era um homem mau; pertencia à classe média, vivendo do meu trabalho; faltava-me, portanto, a ocasião de se manifestarem os sentimentos do orgulho e vingança que dormiam no meu coração.

No meio dessa vida quieta sofri um profundo golpe que levou-me à sepultura; fui abandonado por aquela que eu havia escolhido para minha companheira nas provações da minha peregrinação terrena.

Cego pelo desejo de vingança que em mim se despertou tremendo, lancei-me sobre essa infeliz. Eu não cria, então, que todas as penas e contrariedades de nossas vidas eram conseqüências de nosso viver passado, e que eu não teria sofrido se o não merecesse. Arvorei-me em juiz severo e quis punir a quem não tinha sido mais que o instrumento da punição que eu mesmo havia pedido.

Ela tinha faltas, é certo, mas somente para com Deus, e não para comigo que tinha de ser ferido, viesse o golpe de onde viesse.

Era pela lascívia que eu queria castigá-la; mas eu não era lascivo, e para despertar nela tais sentimentos era preciso que eu os tivesse também. Então veio-me à mente uma idéia satânica; por um esforço de imaginação eu buscava despertar em mim mesmo as sensações que transmitia à minha vítima.

Alguma cousa parecia antepor-se ao meu desejo, e eu atribuía essa resistência àquela que eu queria suplantar, quando não era mais que a ação do meu guia, que buscava desviar-me do mau caminho em que eu me havia lançado, despertando em mim o nojo pela lascívia. Essa resistência chocou o meu orgulho e eu dobrei de esforços para vencê-la.

Aos poucos ela foi cedendo, eu pelo menos o acreditei assim, quando o que se dava em mim era o desaparecimento da repugnância pelos gozos sensuais. Para não aumentar a minha falta, meu guia se abstivera de atuar sobre mim, aguardando vigilante o momento oportuno para fazê-lo com proveito.

Ela sucumbiu e eu a perdi de vista.

O que em mim se havia passado era extraordinário; meu Espírito estava então dominado por uma lascívia asquerosa; meu perispírito se havia modificado nesse sentido, e Espíritos maus, escravos dessa paixão, estavam presos a mim e não me queriam deixar.

Assim, praticando o mal, eu por minhas próprias mãos preparei a expiação.

Sofri muito para repelir de mim essas influências más, precisei de mais de uma encarnação para lançar longe do meu Espírito as inclinações que eu mesmo, com tanto esforço, nele tinha feito nascer.

Trabalhei muito e compreendi, então, porque eu fora ferido na encarnação primeira de que te falei. Pedi sem descanso por aquela que ali havia sido o instrumento da minha punição, e o meu ódio desapareceu.

Então a idéia de uma justiça suprema, regulando infalível os destinos do mundo, gravou-se-me na mente, e ela presidiu a escolha das condições da existência em que me conhecestes".

* * *

A excomunhão

Reformador, março de 1898

"Eu não vim perder, mas salvar os homens. Deus não quer que se perca um só desses pequenos que Ele me confiou".

São afirmações categóricas contidas nos ensinos do Divino Mestre, confirmando o artigo do velho credo masdeísta referente à remissão dos pecados. Como ousa o homem, depositário desses ensinos, arrogar-se o direito de condenar seus irmãos, de cuja direção ele crê, ou diz achar-se encarregado a uma eternidade de penas - ele que só pode julgar pelas aparências, sem penetrar nas intenções, conhecer os sentimentos íntimos daqueles que assim condena sem remissão?

Jesus legou a seus discípulos, Espíritos lúcidos, grandes por sua simplicidade, abnegação, humildade e caridade, apesar da condição humilde em que se encarnaram, com o fim de ferirem mais os ânimos, quando suas faculdades se manifestassem brilhantes no curso de suas missões, o poder de ligar e desligar na terra o que seria ligado e desligado no céu.

Simples de coração, inspirados por Espíritos de grande elevação, seus protetores espirituais, eles não faziam mais que traduzir em voz humana o que lhes comunicavam esses protetores, o que já estava feito no céu. Ele, porém, não disse que esse dom seria transmitido, como uma herança, a todos os que, no correr dos tempos, usurpassem o título de chefe de propaganda da Boa Nova.

As idéias messiânicas propagadas pelo império romano, já então em manifesta decadência, sofreram muito com o contato desse cadáver em decomposição. Foi-lhes necessária a providencial invasão dos bárbaros do norte, para inocularlhes um sangue novo e generoso, para, semeadas nessas inteligências ainda incultas, mas não corrompidas, produzirem a árvore cujos frutos hoje saboreamos. A fim, porém, de pôr-se ao alcance da compreensão de novos adeptos, conter suas paixões violentas, foi preciso apresentá-las com um cunho de dureza que os aterrasse.

Das ameaças necessárias, então, para reprimir o ímpeto das paixões, o clero passou ao fato e, esquecido dos ensinos do Divino Mestre, arrogou-se o direito de condenar sem remissão, de impor a sua vontade ao Senhor da Criação.

Foi uma das coisas que mais contribuíram para desacreditar o catolicismo - a ostentação com que o clero prodigalizou as excomunhões na Idade Média, ferindo todos aqueles que se antepunham as suas desarrazoadas pretensões.

De que sofrimentos e expiações foram elas a causa?

Cumpre-nos agora vos apresentar, resumindo-as, manifestações que obtivemos em dias consecutivos, de dois Espíritos sofredores que ocupavam no mundo posições salientes no clero.

Um deles veio bastante perturbado e sofredor. A imagem que se estampava em sua mente, e que, por sua ligação com o médium, se refletia na deste, era a de um homem envolto em espessas trevas, padecendo de um suplício sem fim. Ao mesmo tempo em que esse quadro fluídico seguia-o por toda parte, assaltavam-lhe a mente blasfêmias horríveis. Ele excomungara, convencido de que sua vítima ia sofrer uma eternidade de dores; por isso perseguia-o essa imagem, a fim de nele despertar sentimentos de compaixão e amor. Ele pretendeu fazer d´Aquele que é todo amor, justiça e misericórdia, um instrumento de seus ódios e paixões; por isso o desejo de que sua sentença se cumprisse. Ele apresentou-se calmo, conversando e mesmo aconselhando, mas de repente, sem motivo algum, como insensivelmente, dizia: "*Te excomungo; te excomungo*".

Disse-nos depois outro Espírito, que ele assim procedia

no Espaço com todos que encontrava em seu caminho.

Temos aí dois fatos que nos demonstram que a excomunhão é sempre um crime aos olhos de Deus. Aquele que lança mão dessa arma, ou crê na eficácia de sua sentença, e então infringe o preceito divino de amor a seu próximo como a si mesmo, donde o sofrimento e a expiação, ou não, e neste caso mistifica e torna-se vítima de espíritos brincalhões.

* * *

A voz da razão

Reformador, janeiro de 1900

Sabemos que no seu livro *Êxodo,* Moisés disse aos hebreus que Deus punia a iniqüidade dos pais nos filhos, na terceira e quarta gerações daqueles que repelissem seus preceitos, e recompensaria até a sua milésima geração os que lhe fossem fiéis. Os hebreus, não procurando o espírito desse ensino, nem a sua harmonização com o que lhes dá o próprio Moisés no *Deuteronômio,* quando diz que Deus não punirá os pais pelas iniqüidades dos filhos, nem os filhos pelas dos pais, mas que cada um responderá somente pelos seus atos, apegavam-se às letras daquele ensino, o que, justo a que se diga, foi de grande vantagem para contê-los, pelo temor de verem seus filhos sofrendo por causa deles.

Mas o progresso é uma lei universal! E essa interpretação primitiva do ensino mosaico, chocando os ânimos, foi sendo aos poucos repelida nas prédicas dos profetas que vieram depois. Já na época do cativeiro da Babilônia, a voz divina diz pelos órgãos de Jeremias e Ezequiel:

"Não sei se fundaram para adaptar-se como um provérbio em Israel que os pais pagarão pelos filhos e os filhos pelos pais. Mas isso não será mais assim; de ora em diante será adotado como um

provérbio em Israel que cada um só responderá pelo seu pecado. O filho virtuoso de um pai culpado não sofrerá pelas faltas deste, nem o pai virtuoso responderá pelas culpas de seu filho criminoso. As virtudes de cada um deles não podem trazer uma recompensa para o outro. Cada um só será recompensado ou punido por seu próprio mérito ou desmérito".

Eis o que encontramos no Velho Testamento, que Jesus não veio destruir, mas explicar e completar. Eis o que a razão esclarecida admite como justo e inteiramente conforme com os sublimes atributos da Divindade.

Vejamos, agora, o que está ensinando e praticando a Igreja Romana, nas fronteiras do século XX, quando as ciências caminham desassombradas em busca da verdade, quando tudo se prepara para firmar-se no planeta o domínio da fé esclarecida pela razão, quando o materialismo pretensioso tem nela os olhos fitos, buscando um ponto fraco para feri-la.

Diariamente vemos nos jornais: "*O Santo Padre concedeu sua bênção apostólica ao cidadão F., até a sua terceira geração*".

Mas o que quer dizer isso? Há dois mil e trezentos anos, a voz disse por intermédio de Ezequiel, cujas profecias são adotadas como canônicas pela Igreja: "*De ora em diante se deverá ensinar que cada um será recompensado ou punido por suas obras*".

A razão esclarecida dobra-se reverente entre a grandeza e a justiça desse ensino, e só o pontífice romano julga que deve pôr de lado tudo isso e impor uma opinião absurda que, se for aceita, desmoralizará a Igreja e virá banir da mente dos crentes a idéia da justiça divina, elemento indispensável para o progresso humano.

Se o chefe da Igreja Romana acredita que Deus sanciona todos os seus atos, se ele crê que pode dispor à vontade da bênção e da proteção do Alto, deve ser muito comedido na distribuição desses favores, e não ir atropeladamente, pelo fato de um homem ter prestado serviços à Igreja, concedendo essa graça a indivíduos que ainda não vieram ao mundo e que ninguém sabe o que serão.

O barateamento insensato da excomunhão inutilizou essa arma, que outrora tanto aterrou o mundo, a ponto de só provocar o riso. O mesmo se vai dar com essas concessões de bênçãos e favores a gerações que ainda não vivem e, portanto nada fizeram para merecê-las.

Não se creia que, pelo fato de não protestar publicamente contra elas, o mundo dê o seu assentimento a essas concessões.

Em todo homem que pensa, a razão se revolta contra essa injustiça, a fé amortece e a idéia se desperta de buscar uma religião mais conforme com a justiça, a bondade e a misericórdia do Criador

Talvez digam que o chefe da Igreja Romana obra por inspiração de cima; nós responderemos com o Evangelista João sem fazer seleção alguma: *"Estudai as inspirações que receberás, para verdes se são de Deus".*

De Deus só podem vir a verdade e a justiça; e quem pode julgar a veracidade e justiça de uma inspiração são a razão e a consciência.

* * *

Nota curiosa

Reformador, maio de 1900

Encerramos hoje esta sessão com a seguinte nota interessante, que nos foi enviada pelo venerando confrade marechal Ewerton Quadros, nosso assíduo e prestimoso colaborador:

"Fixação de datas importantes da vida do Dr. Bezerra de Menezes

Se a cada uma dessas datas juntarmos a soma dos algarismos que a compõem, obteremos a data imediata.

Assim: 1831 – data do seu nascimento – 1831+1+8+3+1= 1844, data em que começou sua vida no magistério como lente de latim, 1844+1+8+4+4 = 1861, data em que tomou assento na Câmara Municipal, iniciando a vida pública.

1861+1+8+6+1 = 1877, data em que começam as suas desilusões políticas. Seu nome, proposto para entrar na lista tríplice para o Senado, apesar de seus tantos serviços, não foi aceito pelos chefes no ano imediato.

1877+1+8+7+7 = 1900, data de sua partida para o mundo espiritual".

* * *

A ressurreição de Cristo

Reformador, junho de 1900

Em um trabalho apresentado à *Societé d'Etudes Psychiques,* de Genebra, emitiu o Sr. A. Lemaitre sobre este assunto uma opinião que não pode ser aceita pelos espíritas cristãos.

Diz ele que três fatos lhe parecem certos nas diversas narrações dos Evangelhos: o Cristo permaneceu sobre a cruz um tempo assaz curto; seu sepultamento, por seus amigos, foi feito precipitadamente, e na manhã de domingo já o corpo não estava no sepulcro. Daí, conclui ele que o Cristo não morreu na cruz; que José de Arimatéia, conhecendo que apenas ele estava mergulhado em um sono letárgico, salvou-o, abrindo o túmulo durante a noite; que na meia obscuridade da manhã eles puderam retirar-se sem ser reconhecidos; que à noite Jesus pôde apresentar-se aos discípulos, reunidos numa câmara alta, e os enviou a Galiléia, para onde ele também seguiu secretamente; e que aí, em presença de quinhentos dos seus, ele os preparou para a missão que ele lhes confiava e desapareceu.

Esqueceu o Sr. Lemaitre que, a fim de não ficarem os cadáveres dos supliciados presos às cruzes no dia de sábado, os judeus ouviram agentes seus para, quebrando-lhes as pernas e os braços, precipitarem a morte, e que esses agentes, executando a ordem quanto aos dois ladrões, deixaram de o fazer quanto a Jesus, por já estar morto; que para verificar esse fato, o flanco de Jesus foi trespassado por uma lança. Acredita o Sr. Lemaitre que os sacerdotes e fariseus, sabendo que Jesus prometera ressuscitar no terceiro dia, seriam tão ingênuos que deixassem de vigiar o sepulcro por um só momento e que, quando eles selaram a pedra e colocaram um guarda junto a ele, deixassem de verificar se o corpo ali se achava? Como podia Jesus, com um corpo humano como o nosso, penetrar na câmara alta, onde os discípulos se achavam reunidos, tendo as portas e as janelas fechadas por medo dos judeus? Esquece o Sr. Lemaitre que Jesus elevou-se aos ares à vista dos discípulos até sumir-se?

Perguntamos-lhe se é admissível que um Espírito da ordem de Jesus, o Cristo de Deus, se prestasse a ser um embusteiro e enviasse seus discípulos para ensinarem ao mundo uma mentira? E esses discípulos se sujeitariam a arrostar os tormentos e a morte para sustentar uma falsidade?

Hoje nós sabemos que não são esses fatos maravilhosos, ocorridos durante o curso de sua vida e morte, o que acentua a alta personalidade de Jesus na história da humanidade, mas sim a grandeza de seus ensinos, a sublimidade de sua moral. No tempo, porém, em que viveram os apóstolos, esses fatos tinham uma importância capital, e eles, crentes sinceros, não afirmavam senão aquilo que haviam testemunhado.

* * *

Os adversários da teoria de reencarnação

Reformador, junho de 1900

A teoria da volta do Espírito à Terra por diferentes vezes sucessivas, revestindo corpos diferentes, de conformidade com as provas que ele tem de cumprir, a fim de se libertar dos vícios e más inclinações que o fizeram cair, teoria tão racional e conforme com a justiça divina, que dá sempre à criatura os meios de reparar e progredir por seus próprios esforços - teoria enunciada pelos profetas hebreus, falando da volta do profeta Elias, e confirmada por Jesus, quando falou aos seus discípulos sobre a encarnação de João Batista, e em sua já tão conhecida entrevista com Nicodemus - continua ainda a ser posta em dúvida pelos espíritas saxônicos, principalmente da Inglaterra e dos Estados Unidos da América do Norte.

Há um mistério impenetrável ao fato de os próprios espíritos que ali se manifestam, não se oporem e, mesmo, muitas vezes se apresentarem como confirmando, a repulsão dessa teoria.

James M. Peebles

Às vezes, porém, as razões alegadas são de tal peso que parecem apresentadas de propósito para que, raciocinando, sem idéias preconcebidas, o homem chegue a uma conclusão contrária àquela que eles querem justificar.

No importante trabalho do Dr. Peebles, exímio filântropo e propagandista norte-americano, *The immortality and our employments hereafter*, cita ele diversas comunicações do Espírito Aaron Knight, Espírito de largo desenvolvimento intelectual e muito respeitado naquele centro, em uma das quais, respondendo acerca da realidade da reencarnação, ele diz:

— Estou no Espaço há cerca de duzentos anos; tenho falado a respeito disso a muitos Espíritos, dos quais alguns de elevada categoria. Todos eles me afirmam ser isso real; mas eu por mim mesmo nada posso dizer, nem afirmo nem nego.

Jean Jacques Rousseau

Será isso, perguntamos nós, uma afirmação, uma prova da irrealidade da reencarnação? Não o cremos. O Espírito diz haver consultado a muitos, e entre estes alguns elevados, e que todos afirmam a existência do fato; mas ele chefe espiritual do grupo, não quer impor a sua opinião, deseja que os seus amigos da Terra aceitem o fato pela sua racionalidade, e não por consideração à sua pessoa.

Nós já vimos um notável propagandista americano declarar, no último Congresso Espiritualista de Londres, que não aceitava a reencarnação, porque no seu país, separadas por uma distância de cem léguas, duas mulheres ao mesmo dia deram à luz, e ambas receberam a declaração de médiuns de se achar encarnado em seu filho o Espírito J. Jacques Rousseau; e como não era possível essa divisão, a reencarnação deixa de ser uma verdade.

Um outro notabilíssimo médium americano, e bem conhecido, Sr. Hudson Tuttle, consultado se podia um espiritualista ser reencarnacionista, respondeu que não, porque o espiritualismo ensina que os Espíritos que deixam a Terra conservam-se sempre prontos a vir em auxílio dos que daí os chamam, e que, admitindo-se a reencarnação, poderá um de nós evocar o Espírito do seu pai, e este não possa vir, por já estar reencarnado num selvagem da Patagônia.

Parece incrível que motivos tão frívolos, tão desarrazoados, possam ser citados em uma discussão séria, para contrariar uma doutrina tão racional e consoladora como a que nos diz que jamais a porta da bem-aventurança será fechada à criatura, e que o arrependimento sincero é a alavanca poderosa que pode desembaraçar e limpar o caminho que conduzirá até aos pés de Deus mesmo os maiores culpados.

Nós cremos que, deixando o corpo, o Espírito, na erraticidade e sob o aguilhão do remorso, estuda a sua vida passada, busca conhecer os seus vícios, seus erros e os sentimentos maus que foram deles a origem; procura os meios de libertar-se deles e fortalecer a sua crença, e vir prostrar o seu exame, tomando um novo corpo.

* * *

A evolução do trabalho

Reformador, julho de 1900

"O nosso dedicado confrade, marechal Ewerton Quadros, que avançado em anos e não raro enfermo, é um exemplo vivo de amor ao estudo e ao trabalho, oferecendo assim um salutar exemplo a tantos moços indolentes ou refratários, nos enviou as seguintes judiciosas linhas a propósito do escrito de um filósofo, publicista, relativamente à origem do trabalho, do qual publicamos um extrato em nossa edição de 1 de junho".

Sob esta epígrafe, o sr. Rouxol publicou no *Journal d'Hygiène*, de 30 de novembro, um importante artigo, no qual se lê o seguinte: *"Como, de um passatempo que foi no começo, se tornou o trabalho uma pena, como o é atualmente? Por que mistério o liberal tornou-se servil?"*. É a questão que ele responde do seguinte modo:

"O trabalho é um prazer sob as condições seguintes: 1 – que

seja livre, isto é, que possa ser empreendido, deixado e recomeçado à vontade; 2 – que seja moderado, proporcional às forças e às capacidades do indivíduo; 3 – que seja produtivo para aquele que o executa, isto é: que atinja o fim criador que o caracteriza".

Admitindo com o autor necessidade do concurso dessas condições para que, em vez de uma pena, o trabalho seja para o homem um passatempo agradável, estamos longe de concordar com ele na idéia de que tais condições se tenham dado no começo de sua evolução na Terra. Cremos antes que elas caracterizarão o último e não o primeiro termo da série. É para chegarmos ao estabelecimento do trabalho nobre, independente e livre que hoje nos esforçamos. É no futuro, e não no passado, que devemos colocar essa era de paz e felicidade.

No começo da humanidade, tendo em vista a grosseria do homem, seu pouco desenvolvimento intelectual e moral, suas acanhadas idéias de direito, de dever e de justiça, seus poucos recursos para lutar com as intempéries e os rigores da natureza bruta, o trabalho não podia deixar de ser muito penoso, e o homem era forçado a empreendê-lo sem descanso, sob pena do solo agreste negar-lhe os parcos alimentos que em tais condições lhe podia fornecer.

A escravidão reinou sempre nestes tempos já tão distantes, sempre o mais forte impôs ao mais fraco a tarefa de trabalhar para ele, sem a garantia de não achar um ainda mais forte, que lhe viesse arrebatar o fruto do que ele colhera regado com o suor dos por ele escravizados.

Não; como tudo no mundo, a evolução do trabalho caminha do pior para o melhor.

O homem de hoje nada mais é que uma nova encarnação do passado, que cada vez mais se vai melhorando, expelindo de si os sentimentos maus que outrora o dominaram.

As fadigas, as penas que acompanham o trabalho, são o meio correcional que Deus emprega para abater a rebeldia de seus filhos; e não é admissível que essas penas se tornem mais pesadas a medida que o homem melhore.

O autor segue a opinião dos poetas e sonhadores da antigüidade, que colocavam o paraíso da existência do homem no planeta, quando ele não o podia apreciar, nem tinha feito coisa alguma para merecer.

É no termo da carreira, e quando a humanidade tiver obtido os progressos material, intelectual e moral necessários, que ele entrará nesse período de paz e felicidade.

* * *

As penas eternas

Reformador, setembro de 1900

Em uma de suas conferências religiosas feitas nesta Capital, com a assistência, segundo disseram os periódicos, do que havia de mais seleto na nossa sociedade, um ilustrado membro do clero brasileiro teve a temeridade de avançar que as penas eternas tinham por si as opiniões de todos os povos do mundo, desde as mais antigas sociedades do passado até as mais cultas de hoje.

Não sei o que mais se deva admirar, se a coragem com que ele fez essa asserção, se o assentimento e os aplausos que lhe dispensou o auditório.

Quiséramos que o ilustrado sacerdote enriquecesse o seu discurso com a citação dos trechos das religiões desses povos, que viessem em apoio da sua afirmação.

Estamos convencidos de que se ele os buscasse no estudo das diversas religiões que se tem desenvolvido no mundo, acharia que nenhuma outra religião, a não ser a católica romana e a protestante, admite tal absurdo, fruto de uma interpretação errônea das palavras de Cristo.

Se recorrermos aos povos primitivos do planeta, aos australóides da Austrália e da Índia, aos mongolóides da

Mongólia, do Tibet, da China, do Japão e da América, e aos xantrochroides, pais dos povos de pele branca, acharemos em todos eles a idéia de poder o Espírito, em sucessivas reencarnações neste mesmo ou em outro mundo, subir, aperfeiçoando-se e limpando-se das máculas de seu passado.

Teria o conferencista ido buscar as provas de sua afirmação no bramanismo, no budismo, no druidismo, no politeísmo grego e romano, nas antigas religiões dos germanos e escandinavos? Não cremos que ouse afirmá-lo. Todas essas religiões admitiam a reencarnação e o progresso infinito.

Se formos ter ao masdeísmo, ou religião antiga de Zoroastro, aí encontraremos consignado o dogma da remissão dos pecados, e que no fim dos tempos, o próprio Arihman, a personificação completa do mal, se há de regenerar e viver feliz nos braços de Ormuzd.

No judaísmo, de onde saiu o cristianismo, nós vemos pelo profeta Jeremias e outros, anunciado por uma inspiração do Alto, que Deus não é um homem, mas santo, e que por isso, seu ódio aqui, a punição com que corrige seus filhos, não pode ser eterno.

A cada passo, os profetas inspirados dizem aos israelitas: *"Arrependei-vos, voltai ao culto do Senhor, e Ele passará uma esponja sobre o vosso passado, apagando todas as vossas culpas"*.

E o grande profeta Isaías diz ao povo de Israel, símbolo da humanidade inteira: *"Sofrerás até que de ti seja expelida toda a escória, e então o Senhor te receberá de novo, e tu serás seu povo e Ele será teu Deus"*.

Em todo Evangelho, se buscarmos o Espírito em vez da letra, acharemos a prova de que Deus não castiga, corrige seus filhos delinqüentes, e essa idéia de correção nos traz a de que o sofrimento do culpado cessará quando ele estiver corrigido.

Quiséramos que o ilustre sacerdote nos dissesse qual seja, na sua opinião, o maior crime que a criatura pode cometer. Sem dúvida ele responderia: injuriar, cobrir de opróbrio, ridicularizar e matar ao seu Deus. Ora, como a Igreja Romana, ele admite que Jesus era Deus encarnado entre os homens e os Judeus lhe fizeram sofrer tudo o que acima dissemos. Que falta, pois, seria mais digna dessas penas eternas, de que fala a Igreja Romana, do que essa cometida pelos judeus? No entanto, Jesus os não condena, acha que merecem compaixão e pede a seu Pai que os perdoe.

Jesus, é certo, fala em sofrimentos eternos; mas é preciso notarmos que a palavra eternidade não tinha na língua hebraica um sentido tão lato, como o que nós lhe atribuímos.

Eterno, entre eles, só tinha o sentido ilimitado e infinito quando se referia ao Criador. Em todo outro caso, representava um tempo assaz longo e, mesmo, incalculável para o homem.

Nós vemos, por exemplo, Moisés e os profetas dizerem: *"Jeová será adorado eternamente e ainda, além da eternidade"*.

Desculpe-nos o digno sacerdote de protestarmos contra a sua arrojada e temerária afirmação de ter o dogma romano das penas eternas o consenso unânime dos povos terrenos do passado e do presente; mas essa não é a verdade histórica, em cuja defesa tomamos a liberdade de sair.

* * *

Contra a China

Reformador, novembro de 1900

É formidável a propaganda dos jornais da Europa, feita ultimamente para despertar os sentimentos de ódio e de vingança contra os chineses, procurando ocultar sob o pretexto irrisório da barbárie desse povo que não se quer deixar explorar pelos civilizados do Ocidente, o motivo real que os conduz, que vem a ser o de achar um escoadouro aos produtos de sua indústria, do que a China ainda não sentiu a necessidade.

Os chineses não podiam contemplar sem dor a importação

imoralíssima do ópio com que uma poderosa nação da Europa, sem um protesto de alguma outra, vai envenenando a população do país, nem as intrigas e meios violentos que estão empregando esses estrangeiros para se assenhorarem dos melhores portos. Era de se prever essa idéia, e se são censuráveis as atrocidades praticadas pelo populacho chinês, que são com cores carregadas descritas nos jornais interessados de seus inimigos, nós estamos na completa ignorância do que por lá estão fazendo aqueles que, deixando de aderir a tão humanitária idéia do czar da Rússia, discutida na Conferência de Haya que quase no começo do século XX, contra as normas da justiça e do direito das gentes, fizeram uso na guerra da África das célebres balas *dundum*.

Dizem os invasores da China que querem civilizá-la e moralizá-la, nela propagando os princípios de sua religião, que de cristã só tem o nome, e que não possui a força precisa para contê-los em seus desregramentos para suplantar a sua exagerada ambição de poderio. Isto é simplesmente irrisório.

A China é uma nação eminentemente ilustrada; é como disse o embaixador chinês dos Estados Unidos, Anson Burlingame, o país das bibliotecas e das escolas. A instrução é ali muito espalhada, e grande maioria da população, mesmo nas classes menos favorecidas da fortuna, tem conhecimento, até certo grau, da leitura e da escrita, da aritmética e das escolhidas passagens de seus autores clássicos. A instrução se divide em três classes, na primeira das quais se trata de desenvolver o sentimento da criança com o estudo do belo, na segunda a sua inteligência com o estudo das letras, e só na terceira elas vão fazer o curso superior da carreira a que se destinam.

Há nesse país escolas públicas, onde os meninos de todas as classes recebem a instrução em comum; e em algumas províncias também as há para meninas, dirigidas por professoras.

Na China a religião é livre.

Ansor Burlingame

Seus grandes mestres, Lao Tsé, Confúcio e outros, são antes moralistas que regionalistas. Milhares de homens mais doutos do país são panteístas*, e muitos de seus ensinos são tão transcendentais como os de Emerson. Eles acreditam no Tao, a unidade absoluta, manifestando-se como uma unidade nas forças positivas e negativas do Universo.

Há no país um grande número de sistemas morais ou religiosos, mas todos esses religiosos exercem, freqüentemente, nos mesmos templos os atos de suas religiões, dando assim uma nobre e elevada lição de tolerância àqueles que hoje pretendem moralizar.

Vejamos agora quem impediu que na China preponderassem hoje, pelo menos em muitos dos seus pontos capitais, os ensinos trazidos ao mundo por Jesus.

Na primeira metade do século que está por findar, nasceu nas vizinhanças, em Cantão, um menino dotado de extraordinário poder de clarividência e de um gênio demasiado excêntrico, que recebeu o nome de Hung-sow-tseu. Tendo sido mal-sucedido em um de seus exames quando jovem, ele foi acometido de grave enfermidade, ao restabelecer-se da qual estava com as faculdades mediúnicas muito desenvolvidas. Era um inspirado e dizia estar livre de impurezas de sua vida e ter entrado em comunicação com um alto personagem espiritual que lhe mandara pregar a abolição da escravidão e a destruição dos ídolos, o derramamento da instrução e a humanização do tratamento que os soldados costumavam dar aos prisioneiros.

Um dia caiu-lhes nas mãos um exemplar do Evangelho, e ao lê-lo, disse logo:

* N.R. (JDM) - *Aqui panteísta está no sentido de que Deus está presente em tudo.*

— Foi ele; foi Jesus quem me falou.

A sua propaganda foi fazendo prosélitos, graças aos fenômenos mediúnicos que se manifestavam no seio da assistência, onde uns caíam em transe sonambúlico e tinham visões; outros falavam línguas estranhas, e outros faziam revelações e profetizavam.

Grande número de letrados e homens importantes aderiu à propaganda, e o movimento tomou caráter de uma formidável revolução contra a dinastia reinante, que queriam transformar em um governo constitucional.

Foi o norte-americano John Ward quem, disciplinando as tropas imperiais, infligiu algumas derrotas aos rebeldes, sem, contudo, conseguir sufocar o movimento que cada vez mais se alastrou pelo país. É a célebre revolta dos Taipings, que fez correr rios de sangue, devastou os campos e arruinou um sem número de cidades e vilas.

Nesse tempo, os ingleses e franceses incitavam a revolta e a protegiam, e talvez tivessem concorrido para modificar as idéias de Hung, que então pretendeu fazer-se imperador.

Em sérios apuros, o imperador chamou em seu auxílio os estrangeiros, acenando-lhes com a promessa de concessões de novos portos aos seus navios; e os ingleses e os franceses adaptaram os seus partidos, concorrendo para afastar-se a grande revolução. Hung suicidou-se, os inúmeros partidários seus, caídos em poder dos vencedores, foram executados sem que os civilizados europeus tentassem impedir, por parte dos seus aliados, essas atrocidades selvagens contra as quais se revoltam hoje.

Apesar de tudo, porém, os novos princípios não morreram e esperam o momento oportuno para se manifestar.

Quem, pois, tem a responsabilidade de não estarem hoje abertamente propagados na China os princípios do cristianismo puro? Os próprios que hoje pretendem moralizar e civilizar o país com os sincrônicos ensinos do catolicismo e do protestantismo.

* * *

Deus e Jesus

Verdade e Luz, fevereiro de 1900

S. Thomaz de Aquino disse que nos ensinos da Igreja deviam-se distinguir sempre duas partes, uma constituindo a base, o fundamento mesmo desse ensino, parte imutável, baseada no que nos legou Jesus; e outra variável, devendo acomodar-se ao progresso e às exigências dos tempos.

Jesus disse que toda a lei e os profetas se resumiam nos dois sublimes mandamentos: o amor a Deus sobre todas as coisas e o amor ao próximo como a si mesmo.

Ora, é claro que a parte imutável a que se refere o célebre doutor da Igreja, não pode ser senão aquilo que seja a expressão fiel desses dois mandamentos. A outra parte, fruto das interpretações humanas, não pode deixar de ter um caráter transitório, variando com o desenvolvimento da inteligência do homem.

Não procede o argumento de serem *in totum* reais os ensinos católicos pelo fato de terem resistido aos embates de dezoito séculos, pois nós vemos que, durante milhares de séculos, a humanidade acreditou que a Terra era plana, quando isso era falso; os fenômenos elétricos se produzem, desde que a Terra saiu do caos, e foi só no nosso século que se veio a conhecer a natureza desse agente e as leis reguladoras da sua manifestação.

Nós cremos firmemente que em todos os dogmas da Igreja há um fundo de verdade, que o pensamento base deles é o produto de uma inspiração do Alto. É só no modo de se traduzir esse pensamento que se pode achar o erro, filho das interpretações e dos sentimentos daqueles que promulgam os dogmas.

Dominados por um tutor insano, muitos Espíritos se atiram sobre tudo o que nos vem de Roma, alegando que o clero tem sempre abusado com o fim de continuar o seu predomínio. Mas combatamos esse seu anelo político, sem deixarmos de colher o que há de bom em seus ensinos.

É preciso que tenhamos sempre presente que Deus é o Pai de todos nós, que Ele quer o progresso de todos os seus filhos, e que o clero não está excluído dessa comunhão. A Igreja foi encarregada da educação dos bárbaros. Dizer-se que ela não cumpre a sua missão é uma injustiça, pois que os filhos desses bárbaros somos nós, que hoje nos elevamos criticando as caduquices do preceptor dos nossos pais.

O erro da Igreja Romana consiste em querer dar o cunho da imutabilidade, que só pertence ao fundamento revelado dos dogmas, às interpretações que lhe deram os homens do passado. Apenas ela receba uma inspiração, o seu primeiro cuidado é buscar interpretá-la de conformidade com o que disseram os Santos Padres, que se vivessem hoje, com os progressos que a humanidade tem feito, com certeza se teriam exprimido de outro modo.

Sempre a verdade tem sido dada aos homens velada, a fim de não ofuscá-los e dar-lhes o mérito de libertá-la das faixas em que se envolve. Tratemos do dogma da divindade de Jesus.

Nós cremos haver em Jesus duas individualidades distintas: o homem apresentado ao mundo como filho de José e de Maria, filho de Deus como todos nós - Jesus; e o Verbo, a palavra, o ensino divino transmitido aos homens de um modo apreciável aos seus sentidos - o Cristo, o mensageiro, o médium de Deus.

Nos ensinos que ele nos transmitiu pelo órgão dos Evangelistas, ele se refere a si nesses dois sentidos. Quando ele diz: *"Eu e meu Pai somos um"*, *"Quem me vê, vê a meu Pai"*, ele fala como o Cristo; mas quando ele diz: *"A doutrina que vos trago, não é minha, mas daquele que me enviou", "Meu Pai é maior do que eu" - "Eu vou para meu Pai e vosso Pai, para meu Deus e vosso Deus"*, ele fala como Jesus, criatura e irmão dos homens.

No primeiro caso, a sua personalidade humana desaparece, e ali só está o Verbo, o pensamento divino; e esse pensamento é coeterno com Deus, existia antes que qualquer coisa fosse, porque ele é um atributo do Ser Supremo. Não é Jesus, o homem, quem é Deus, mas sim o pensamento que ele nos transmite como o Cristo de Deus.

Nós diremos freqüentemente: *"O espírito do orgulho, da inveja etc., está encarnado em tal ou tal indivíduo"*, para exprimirmos que ele está dominado por tais sentimentos. É nesse sentido que a Igreja recebeu a intuição do Espírito Divino estar encarnado em Jesus. A Igreja interpretou que o próprio Deus tinha baixado à Terra encarnado num corpo humano.

Jesus, o homem de maior pureza, de maior adiantamento intelectual que tem vindo à Terra, capaz de, pela sua elevação, entrar em comunicação com a Divindade e Dela receber a inspiração, era contudo um homem.

Nós vemos no *Êxodo*, a voz divina dizer a Moisés: *"Vai, eu te constituo Deus de faraó, e teu irmão Aarão será o teu profeta"*. Quererá isto dizer que Moisés era Deus? Ninguém o dirá. Isso queria dizer que ele teria a inspiração do Alto para libertar os hebreus da terra da servidão.

A esse dogma se prende um outro de importância capital, e que tem dado lugar a muitas controvérsias. É o dogma da Santíssima Trindade.

Estudando a alma humana, vemos que ela se nos manifesta sob três distintos modos de ser: inteligência, sentimento e volição. Ora, o homem foi criado à imagem de Deus, logo, o Ser Supremo deve possuir esses três atributos em um grau infinitamente superior. O pensamento que exprimia o sentimento divino foi por um ato de sua soberana vontade transmitido, inspirado a Jesus, e por esse apresentado aos homens sob uma forma sensível, nos ensinos que ele lhes deu. Temos aí três modos de ser do pensamento divino: a sua concepção, a sua transmissão e a sua tradução em palavras apreciáveis aos homens; são três fases de um só e mesmo pensamento divino.

A Igreja, recebendo a revelação, fez o que sempre fizeram os pagãos, personalizou os três modos de ser do pensamento em três entidades distintas. Chamou à primeira o Pai, à terceira o Filho e à segunda o Espírito Santo.

Aí, porém, não são as individualidades transmissora e tradutora do pensamento que se confundem identificadas com a Divindade, mas sim o pensamento divino, que concebido, transmitido e traduzido é sempre o mesmo.

A massa do povo hebreu acreditava que Deus se manifestava diretamente ao homem, porque ela ouvia dizerem os doutos: "*O Espírito de Deus o conduz*", "*O Espírito de Deus o abandonou*" etc. Nós cremos que os grandes inspirados de Israel, quando empregavam a expressão "Espírito de Deus" não queriam dizer o Espírito do próprio Deus, mas um Espírito delegado por Deus, um dos membros da inumerável falange dos Espíritos de Deus. Os hebreus davam aos crentes a qualificação de santos; por isso eles diriam o Espírito de Deus ou o Espírito Santo, crente, respeitador dos preceitos divinos.

Por sua elevação moral, Jesus não precisava de intermediários, recebia diretamente a inspiração divina. Assim nós vemos que tudo no passado teve a sua razão de ser, tudo concorreu para o progresso da humanidade. Com o desenvolvimento da mentalidade humana e a luz que nos traz o Espiritismo, as trevas se dissiparão e a verdade surgirá brilhante, mostrando-nos que neste degredo a que nos conduziram nossas faltas, nós nos agitamos e Deus, por seus enviados, nos conduz.

O Conferencista

As páginas do *Reformador* trazem inúmeros discursos e conferências pronunciados pelo marechal Ewerton Quadros em comemorações festivas dos espíritas, como nas datas de 31 de março, desencarnação de Allan Kardec, e 3 de outubro, nascimento, mas reproduziremos aqui apenas o primeiro deles, para termos idéia do respeitado orador que era o Marechal.

Discurso em 31 de março de 1883

Reformador, abril de 1883

Proferido pelo sr. dr. Ewerton Quadros na sessão magna da União Espírita do Brasil, comemorativa ao 14º aniversário de passamento (desencarnação) de Allan Kardec, realizada na escola municipal S. José, em 31 de março do corrente ano.

Minhas senhoras, meus senhores! É vencendo o meu acanhamento e esperando tudo de vossa benevolência que, sem pensar nos fracos recursos de que disponho, aceitei o encargo de dirigir-vos a palavra neste lugar.

Senhores! Quando, com ânimo desprevenido, procuramos

estudar a laboriosa história da humanidade através dos séculos, é impossível que não nos venha na mente a idéia da existência de uma força superior, presidindo a ordem e a harmonia universal, distribuindo a justiça e conduzindo o homem ao seu alto destino.

De espaço a espaço, vemos surgir no seio das sociedades vultos eminentes, naturezas escolhidas, missionários adiantados que, segundo as condições do meio em que aparecem, vêm trazer-lhes a luz, o alimento indispensável para o seu progresso. São estrelas de primeira grandeza que se levantam no firmamento, dispersando as trevas nele amontoadas pelas paixões terrenas.

Mas, ah! Por mais esplendente que seja a luz, por mais sabidos e justos que sejam os ensinos que tragam a seus irmãos, veremos sempre a inveja, o orgulho, o espírito de quietismo e o medo no desconhecido formarem uma aliança formidável para pôr tropeços ao cumprimento de suas missões.

Embalde protestem a razão e a consciência; e em vão a história aponte os erros do passado, seguidos de seu cortejo de funestas conseqüências, a luta reproduz-se sempre a mesma, sempre envenenada pelo ódio e o despeito.

Schopenhauer

Porém, assim como a resistência do meio em que descrevem suas longas órbitas força os astros errantes a se aproximarem do centro de atração, assim a oposição que encontram conduz o pensamento dos missionários à fonte do saber e da justiça, de onde lhes vem a força de que precisam para o triunfo da santa causa que defendem.

Com muito acerto, senhores, disse Schopenhauer: *"Não há erros privilegiados"...*

O homem recebeu do Criador o dom de pensar, e Deus nada fez de inútil.

Submetei à vossa razão todas as teorias, todas as idéias que tem curso em vosso tempo, qualquer que seja o prestígio do nome que as patrocine, qualquer que seja o poder da classe que a sustente, e se vossa razão repeli-las, combatei-as com moderação e prudência, combatei-as com a vossa convicção, e é só nesse combate digno de nós que podereis receber ou dar a luz, concorrendo assim para o vosso e o progresso da humanidade.

Negar os sólidos triunfos das ciências positivas em nossos tempos é um voto de loucura inqualificável, é calcar aos pés os saborosos frutos colhidos após tantos séculos de aturado labor.

Para qualquer parte que volvamos os olhos, vemos a picareta da ciência roteando os campos do saber humano, no qual profundamente são derramadas as sementes da verdade.

Vemos a física chegar, pela análise, a reconhecer a unidade do agente que produz o calor, a luz, o som, o magnetismo e a eletricidade; a química lançar por terra a barreira que estudos incompletos tinham levantado entre as substâncias, ditas orgânicas e inorgânicas; a astronomia prender todos os movimentos variados que se dão ao Universo a uma causa única: a gravitação universal; a paleontologia penetrar nas mais profundas camadas da crosta terrena, para descortinar os segredos da vida dos seres maravilhosos que nos precederam neste planeta; a medicina, dobrada sobre o leito do enfermo, buscar e encontrar meios de debelar o sofrimento físico, de dar alívio a tanta dor; e o legista procurar banir dos códigos que regulam as sociedades, os excertos de um passado caduco, criando leis mais conformes com as luzes de nosso século.

Tudo isso é grande, tudo maravilhoso!

Deslumbrado, porém, pela magnificência de tanta grandeza, fascinado pela embriaguez do triunfo, o homem supõe ter achado a última palavra do enigma da criação e, novo Pigmalião, extasia-se diante da própria obra, acreditando que além do que lhe fornecem os sentidos nada mais pode existir.

A matéria se torna seu elemento único, a matéria se torna Deus.

É nesse ponto que se levanta o espiritualismo moderno, tendo em uma das mãos os Evangelhos de Jesus, e na outra os instrumentos de análise das ciências positivas.

Sim, diz ele ao químico, fizeste muito, mas esse muito é ainda bem pouco em comparação do que vos resta a fazer.

William Crookes

Já sabeis reunir os elementos para em vossos laboratórios preparardes as substâncias orgânicas; segue o caminho que vos mostra W. Crookes e chegareis a, modificando o fluido universal, transformar uns nos outros o que chamais corpos simples, e encontrareis a unidade na matéria.

É grande vosso trabalho, diz ele ao astrônomo, mas resta-vos ainda estudar e conhecer a natureza íntima da força que prende em um só sistema, os milhões e milhões de mundos que, a distâncias inconcebíveis, com velocidade vertiginosa percorrem os planos do infinito.

Ganhaste muito, diz ao médico, mas muito mais tereis quando vos não limitardes a estudar somente aquilo que o vosso escalpelo pode alcançar. O homem não se compõe só de um corpo material; estudai-lhe a alma e nela encontrareis, muitas vezes, as chagas cancerosas que infeccionam-lhe o corpo.

É gigante a vossa obra, muito louvável seu intento, diz ele ao legista; mas levantai vossas vistas e, estudando as leis sábias do mundo espiritual, pautai por elas o vosso código.

Finalmente, com o coração transbordando de amor, ele diz aos homens todos, sem distinção alguma, amai-vos, amai-vos muito, porque sois todos irmãos, filhos de um só e mesmo Deus. Trabalhai, ajudai-vos uns aos outros, dai o que vos sobra àqueles a quem falta o preciso para a vida; caminhai, caminhai sempre, porque o progresso não tem fim.

Seja-nos agora permitido dizer como um moderno escritor:

"Uma fusão em um só todo dos estudos naturais com a instrução religiosa e a instrução científica, é uma condição essencial para a vida e a civilização da humanidade; é na falta dessa fusão que reside a causa primeira de todos os desvios do Espírito na ciência e na vida, a causa primeira de todos os erros na religião. O estabelecimento dessa unidade é a missão principal da humanidade e da civilização em nossa época".

Senhores! Manifestadas essas idéias, cumpre-nos, como espíritas, convidar a elevarmos juntos o pensamento a Deus:

Senhor! Dignai-vos lançar sobre nós Vossas vistas compadecidas, auxiliai-nos para que possamos, por nossos esforços, concorrer para o estabelecimento da era bendita de paz e amor sobre nosso planeta, e permite que agora dirijamos uma sincera saudação a um de Vossos filhos que tanto trabalhou para o reinado da fraternidade entre os homens.

Senhores! Tem por fim a nossa reunião comemorar o passamento da vida terrena, o termo feliz da sublime missão de nosso irmão, Denizard Hippolyte Léon Rivail, Allan Kardec.

Deixai agora, do íntimo da alma, vos agradeça o acolhimento que fizeste ao nosso convite para nos acompanhardes neste banquete fraternal.

A comissão agradece de coração à Ilma. Câmara Municipal do Município Neutro a boa vontade com que cedeu-nos os

Allan Kardec

salões deste edifício para neles fazermos a nossa reunião; e assim também as ilustradas redações da *Revista da Sociedade Acadêmica "Deus, Cristo e Caridade"* e do *Reformador* e nos terem mimoseado com alguns números dos seus órgãos da imprensa, com os quais pedimos permissão para presentear aos representantes das distintas sociedades que se dignaram honrar-nos com sua presença.

Os srs. professores e empregados da Escola Municipal S. José, que tanto nos auxiliaram, aceitem nossas simpatias e reconhecimento.

O Escritor

Ewerton Quadros foi um prolífico escritor e jornalista. Sua pena vibrante, principalmente quando o assunto era Espiritismo, esteve a serviço de inúmeros jornais e revistas que recebiam suas colaborações regularmente: *Reformador, Verdade e Luz, Revista Espírita do Brasil, União Espírita Suburbana* e outras. Muitas vezes assinava seus artigos como Freq ou E.Q.

Como escritor, teve publicadas as seguintes obras: *História dos povos da antigüidade*, escrita sob o ponto de vista espírita; *Os Astros*, estudos da Criação; *O Espiritismo e seu lugar nas Ciências*, conferência; *As manifestações do sentimento religioso através dos tempos(1882)*; *Catecismo espírita**, dedicado às meninas.

Também traduziu inúmeros artigos e livros do francês e do inglês: *O fenômeno espírita*, de Gabriel Delanne; *Bases científicas do Espiritismo*, de Epes Sargent; *Região em litígio entre este mundo e o outro*, de Robert Dale Owen; *Os quatro evangelhos*, de J. B. Roustaing.*

---

* *N.R. (JDM) - Catecismo espírita (1883): obra mediúnica atribuída ao Espírito MONT' ALVERNE.*

* *N.R. (JDM) - Todas as suas traduções foram publicadas pela FEB, a exceção de "Os Quatro Evangelhos" de J. B. Roustaing, que só foi publicada nas páginas do Reformador, de 1898 a 1908.*

Fé de Ofício do Marechal Ewerton Quadros

Fé de Ofício significa, em linguagem militar, a vida funcional do soldado e onde tem descrito sua carreira.

Recorremos ao Arquivo Histórico do Exército e conseguimos a Fé de Ofício do marechal Francisco Raymundo Ewerton Quadros, gentilmente enviada por seu diretor cel. cav. Paulo Dartanham Marques de Amorim.

A Fé de Ofício compõe-se de três peças com detalhes repetitivos entre si, que acreditamos tenha sido pelo motivo de que, como Ewerton Quadros serviu em vários Estados brasileiros, haviam três registros de sua atuação militar, depois reunidos num cadastro só.

A grande dificuldade que se interpôs após conseguir esse precioso documento histórico foi a decifração dos manuscritos, escritos em letras variadas, muitas vezes ilegíveis e permeados de termos indígenas de localidades e jargões militares.

O esforço pessoal foi grande, mas só conseguimos um pouco de sucesso por contarmos com a inestimável ajuda do professor André Frota de Oliveira, paleógrafo do Arquivo Público do Ceará, que nos ajudou a decifrar os manuscritos. Mesmo assim, foi impossível recuperarmos alguns trechos onde a tinta borrava a escrita ou outras dificuldades se impuseram.

Desta maneira, dado a importância do documento para a história do Espiritismo, reproduzimos aqui o texto, com algumas falhas e possíveis incorreções, de uma das peças da Fé de Ofício do marechal Francisco Raymundo Ewerton Quadros.

* * *

José Clarindo de Queiroz, general de Brigada Comandante Geral de Artilharia

Certifico que o oficial abaixo declarado tem no livro-mestre deste corpo, a partir do ano de 1877 em diante, os assentamentos do teor seguinte:

Coronel Francisco Raymundo Ewerton Quadros - 1877 - Foi aprovado plenamente no exame prático da arma de artilharia feito na província do Rio Grande do Sul em seis de novembro do ano findo, como consta da ordem do dia do Exército número mil trezentos e setenta e um, de quinze de dezembro deste ano. - 1878 - Por Decreto de dez e diploma de dezessete, tudo de novembro de mil oitocentos e setenta e sete, publicado em ordem do dia do Exército número mil trezentos e noventa e oito, de seis de março, foi condecorado com o hábito de Cavaleiro de São Bento de Aviz. - 1879 - Por Portaria de Ministério da Guerra de dezoito de agosto, foi dispensado da Comissão de Engenharia em que se achava, na Província do Rio Grande do Sul, como comunicou a Repartição de Ajudante General em ofício número cinco mil quinhentos e quarenta e dois, de vinte e um do mesmo mês. Apresentou-se a seis; em virtude da Ordem do dia do Exército número mil quatrocentos e setenta e um, de sete, foi publicado que por Decreto de cinco, tudo de setembro, digo, Decreto de cinco de setembro de mil oitocentos e setenta, e diploma de onze de fevereiro de mil oitocentos e setenta e um, foi-lhe conferido o grau de Cavaleiro da Ordem da Rosa pelos serviços prestados nos embates das cordilheiras de mil oitocentos e sessenta e nove, e por diploma de vinte e sete de julho de mil oitocentos e setenta e dois, foi-lhe concedida a Medalha Geral da Campanha do Paraguai com o passador de prata número cinco. Por Portaria de doze, tudo dezembro, foi mandado servir no Arquivo Militar, como consta do ofício da Repartição de Ajudante General número sete mil quinhentos e quarenta e dois, de quinze, tudo de novembro. - 1880 - Consta do ofício da Repartição de Ajudante General número três mil seiscentos e dezesseis, de quinze de junho que, por Portaria do Ministério da Guerra de nove do mesmo mês, foi nomeado para servir na Comissão de Engenharia da Província do Rio Grande do Sul. Por telegrama do Ministério de Guerra de seis, citado em ofício da Presidência número dois mil quinhentos e noventa e seis, em nove, tudo de setembro, foi exonerado da comissão em que se achava, a seu pedido, apresentou ao Corpo a vinte e três de outubro e ficou .... Por Portaria, digo, proposta da Repartição de Ajudante General aprovada por aviso do Ministério da Guerra de quatro, foi nomeado para coadjuvar, como escriturário, os trabalhos da terceira seção da mesma Repartição, como consta do ofício número sete mil trezentos e noventa e nove, de seis, tudo de dezembro. - 1881 - Por Decreto de trinta de junho foi promovido a major graduado para este Corpo, como publicou a ordem do dia do Exército número mil seiscentos e quinze, de três de agosto. - 1882 - Por ofício da Repartição de Ajudante General número duzentos e seis, de onze de janeiro, foi comunicado ter sido nomeado por Portaria do Ministério da Guerra de dez do mesmo mês para, em comissão com outros oficiais, organizar a carta estratégica do

Rio Grande do Sul, e o projeto e orçamento de uma estrada de ferro que ligue a Corte à Província do Paraná, Mato Grosso e Rio Grande do Sul, como publicou a ordem do dia da citada Repartição, número mil seiscentos e sessenta e seis, de quinze do dito mês. - 1883 - Por Decreto de vinte e um de junho, foi confirmado no posto de major por antigüidade para este Corpo, como publicou a ordem do dia do Exército número mil setecentos e sessenta e três, de vinte e cinco do mesmo mês. Por ofício da Repartição de Ajudante General, sob o número sete mil cento e cinqüenta e três, de dezenove de novembro, foi comunicado haver sido dispensado da comissão encarregada da carta militar da Província do Rio Grande do Sul, em virtude da Portaria do Ministério da Guerra de dezesseis do corrente, ficando adido àquela Repartição de conformidade com o artigo doze das instruções de dezessete de fevereiro de mil oitocentos e setenta e seis. - 1884, 1885 e 1886 - Nada consta. - 1887 - Por aviso do Ministério da Guerra de dois de março, foi aprovada a proposta que fez este Comando General interino de Artilharia, para exercer o cargo de secretário durante o tempo em que o major Estevão Joaquim de Oliveira Santos esteve à disposição do Ministério dos Estrangeiros. Tomou posse do referido cargo a dois do citado mês. Por Portaria do Ministério da Guerra de nove de agosto, foi mandado averbar em seus assentamentos o seguinte: se apresentando à Comissão de Engenharia Militar no Rio Grande do Sul, no período de mil oitocentos e setenta e quatro à mil oitocentos e oitenta, em que foi membro da mesma; as plantas da cidade e seus arredores com planos defensivos e memoriais descritivos de Uruguaiana, Itaqui, Passo do Batista, Jaraguarão e Rio Grande, idem, menos os planos defensivos de Alegrete, Santa Amira da Bocca do Norte,............... São Borja e São Pedrito; as plantas com os respectivos itinerários das estradas do Rio Grande a São Gabriel, à Alegrete, à São Borja, à Itaqui, à Uruguaiana, do Passo do Batista à Alegrete, à Uruguaiana, à São Gabriel, à Sant'Anna do Livramento, à Bagé, à Jaguarão e à Caçapava, as plantaseorçamentosdequartéisparaJaguarão,Uruguaiana,São Gabriel e fronteiras, de enfermarias militares para Uruguaiana e Bagé e de pontes para os Rios Bagé, Candioto e ...., como consta do ofício da Repartição de Ajudante General número cinco mil e quarenta e quatro, de treze de mesmo mês. - 1888 - Por Portaria do Ministério da Guerra de dois de maio, foi mandado averbar em seus assentamentos, como consta do ofício da Repartição de Ajudante General número três mil e noventa e sete, de oito, o seguinte: ao deixar o Comando Geral interino de Artilharia, a cinco de abril, o sr. Conselheiro Coronel Antonio Francisco Duarte .... não podia deixar de agradecer-lhe a eficaz colaboração que lhe prestou, aplicando-se com sua reconhecida inteligência, inexcedível zelo e lealdade a toda a prova, o desempenho do lugar de secretário-geral, que tão dignamente exerceu, pelo que é digno dos maiores elogios. Por ter-se aposentado o respectivo serventuário, em vinte e dois de junho, deixou de exercer funções de secretário do Comando Geral de Artilharia, como consta a ordem do dia da Repartição de Ajudante General, sob o número dois mil cento e dezenove, de vinte e dois de agosto, ficando adido à mesma Repartição, conforme ordem em vigor. Por Portaria de Ministério da Guerra de vinte e quatro de dezembro, foi nomeado membro da Comissão de Engenharia, encarregado de construir uma linha telegráfica na estrada de rodagem para Cuiabá, conforme comunicou a Repartição de Ajudante General em ofício sob o número oito mil cento e noventa e sete, de vinte e seis do dito mês. - 1889 - Por Decreto de vinte e três de janeiro, foi graduado no posto de tenente-coronel, como publicou a ordem do dia do Exército sob o número dois mil duzentos e trinta e seis, de vinte e seis do mesmo mês. Por Decreto de nove de fevereiro, de acordo com o plano que baixou com o de número dez mil e quinze, de dezoito de agosto de mil oitocentos e oitenta e oito, que reorganizou as forças arregimentadas do Exército, foi classificado neste Corpo, ao qual já pertencia, como fez público a ordem do dia do Exército número dois mil duzentos e quarenta e um, de vinte e cinco do mencionado mês de fevereiro. De uma relação de alteração passada pela Comissão Militar encarregada da construção da linha telegráfica para Cuiabá, datada de quinze de março, em Uberaba, e remetida pela Repartição de Ajudante General em ofício número dois mil cento e dezessete, de vinte e nove do mesmo mês, consta o seguinte: "Nomeado Ajudante da Comissão de Engenharia Militar encarregada da construção da linha telegráfica para Cuiabá a vinte e quatro de dezembro do ano próximo passado, seguiu da Corte e chegou a São Paulo a onze de janeiro; a treze foi nomeado para dirigir a segunda seção da mesma comissão incumbida de proteger a Companhia da Estrada de Ferro Sorocabana na exploração e construção de uma linha telegráfica de Botucatu à foz do Tibagy, proceder ao reconhecimento dos rios Paranapanema, Ivinhema e Brinhando até Santa Rosalina, a fim de verificar as condições de navegabilidade a vapor, e bem assim do estudo para construção de uma linha telegráfica na foz do Tibagy à Santa Rosalina; a quinze seguiu de São Paulo pela via férrea Sorocabana e chegou a Botucatu a vinte, em conseqüência de desarranjos na mesma via férrea. Seguiu de Botucatu, a oito de fevereiro, por São Manoel do Paraíso, Aparecida, Espírito Santo do Turvo e chegou a Santa Cruz do Rio Pardo a vinte e dois também de fevereiro. Consta de outra relação de alterações passada pela mesma Comissão datada de seis de maio, de acampamento no Arroio das Posses, remetida pela repartição de Ajudante General em ofício número quatro mil cento e vinte e seis, de três de junho, ter exercido as funções de chefe da segunda seção da dita Comissão, todo o mês de março; de outra datada de quinze, também de maio, em Uberaba, ter exercido o mesmo cargo todo o mês de abril, seguido de Santa Cruz do Rio Pardo a três, chegado a São Pedro no mesmo dia, e a São José dos Campos Novos do Paranapanema a nove. Por Portaria do Ministério da Guerra de vinte e dois de junho, foi nomeado para substituir efetivamente como chefe, ao coronel Ernesto Augusto da Cunha Mattos, na supramencionada Comissão, conforme comunicou a Repartição de Ajudante General em ofício sob o número quatro mil oitocentos e noventa e cinco, de dois de junho. De uma relação de alterações passada pela dita Comissão, datada de dezenove de junho, remetida pela referida Repartição de Ajudante General em ofício número seis mil e quatrocentos e vinte e sete, de vinte de agosto, consta o seguinte: desempenhando as funções de chefe da segunda seção da Comissão, servindo no riacho do Paranapanema , foi nomeado chefe da mesma Comissão por Portaria de vinte e dois de junho e chamado à Corte em serviço, apresentando-se a trinta do referido mês. De outra relação de alteração datada de primeiro de agosto e remetida pelo ofício acima citado, consta que a dois de junho assumiu a chefia da comissão e a dezessete chegou a Uberaba, e que o senhor coronel Ernesto Augusto da Cunha Mattos, ao deixar o cargo que exercia de chefe da dita Comissão, agradeceu-lhe a coadjuvação que lhe prestou e louvou-o pelo zelo à atividade com que serviu. De outra relação de alterações da mencionada Comissão, datada de primeiro de setembro e remetida pela Repartição de Ajudante General em ofício número sete mil quinhentos e doze, de trinta do referido mês, consta que exerceu todo o mês as funções de chefe da dita Comissão e seguiu de Uberaba a onze e chegou ao acampamento do Capim a vinte e um, tudo de agosto. De uma outra relação de alteração, datada de primeiro de outubro no acampamento do Capim e remetida pela Repartição de Ajudante General em ofício sob o número oito mil duzentos e quarenta e um, de trinta de outubro, consta ter exercido as funções de chefe da Comissão todo o mês de setembro e que achando-se acampado no Capim, a oito, levantou acampamento e nesse dia acampou na margem esquerda do Rio Parnaíba. - 1890 - Por Decreto de sete de janeiro, foi promovido ao posto de tenente-coronel para este Corpo, por antigüidade, como fez público a ordem do dia do

Exército sob o número vinte e dois, de treze do referido mês. Por Decreto de dezoito de março, foi promovido a coronel graduado, ainda para este Corpo, conforme fez público a ordem do dia do Exército número quarenta e sete, de vinte e nove do mesmo mês. Por Decreto de vinte e quatro de maio, foi condecorado com o oficialato da ordem de Aviz, conforme publicação na ordem do dia do Exército número setenta e quatro, de dezoito de junho. Nada mais consta dos seus assentamentos. Em firmeza do que mandei passar a presente, que vai por mim assinada e selada com o signete deste Corpo. Comando Geral de Artilharia, 15 de agosto de 1890. Eu, Antonio Francisco Duarte, tenente-coronel, secretariei e subscrevi.

Assina: José Clarindo de Queiroz

Fale conosco!!!

Queremos saber sua opinião sobre o livro: ______________________

______________________ favor mencionar o nome do livro)

Bibliografia e Fontes

Grandes Espíritas do Brasil - Zêus Wantuil - Editora FEB, 1ª Edição, 1969.

Seareiros da Primeira Hora - Ramiro Gama - Editora Eco, Volume I, 1ª Edição, 1968.

Esboço Histórico da Federação Espírita Brasileira, Editora FEB, 2ª Edição, 1924.

Revista Reformador, Anos 1883 a 1902 - Acervo Biblioteca Nacional.

Revista da Sociedade Acadêmica "Deus, Cristo e Caridade", Anos 1881, 1882 e 1893 - Acervo Federação Espírita Brasileira.

Revista "Verdade e Luz", Anos 1901 a 1903 - Acervo do Centro de Cultura, Documentação e Pesquisa do Espiritismo. Anos 1904 a 1909 - Acervo Biblioteca Nacional de Lisboa.

Fé de Ofício do Marechal Ewerton Quadros - Arquivo Histórico do Exército - Ministério da Defesa.

Obras do Autor

A Extraordinária Vida de Jésus Gonçalves - Editora Correio Fraterno do ABC, 1980.

Olá, Amigos! (Co-autoria Eurícledes Formiga/ Espíritos Diversos, Prefácio de Chico Xavier) - Instituto de Difusão Espírita, 1981.

Motoqueiros no Além (Co-autoria Eurícledes Formiga/ Espíritos Diversos, Prefácio de Chico Xavier) - Instituto de Difusão Espírita, 1982.

Cairbar Schutel, o Bandeirante do Espiritismo (Co-autoria Wilson Garcia) - Casa Editora "O Clarim", 1986.

Anália Franco, A Grande Dama da Educação Brasileira - Editora Eldorado Espírita, 1992. 2ª Edição – Madras Espírita, 2004.

Anais do Instituto Espírita de Educação - Edição IEE, 1994.

Vinícius, Educador de Almas (Co-autoria Wilson Garcia) - Editora Eldorado Espírita/EME, 1995.

Sinal de Vida na Imprensa Espírita (Co-autoria Wilson Garcia) - Editora Eldorado Espírita/EME, 1995.

Allan Kardec, o Druida Reencarnado - Editoras Eldorado Espírita/EME, 1996.

O Templo Maçônico e as Moradas do Sagrado - Editora

"A Trolha", 1996.

USE, 50 Anos de Unificação (Co-autoria Natalino D' Olivo) - Edições USE, 1997.

Victor Hugo e Seus Fantasmas - Editoras Eldorado Espírita/EME, 1997.

Jésus Gonçalves, o Poeta das Chagas Redentoras - Editora Eldorado Espírita/EME, 1998.

Batuíra, Verdade e Luz - Editora Lúmen, 1999.

Loja Amphora Lucis - 25 anos de Ideal Maçônico (Co-autoria Denis Ribeiro) - Edição Amphora Lucis.

Leopoldo Machado em São Paulo - Edições USE, 1999.

História da Dramaturgia com Temática Espírita - Edições USE, 1999.

Sala de Visitas de Chico Xavier - Editora Eldorado Espírita/EME, 2000.

História do Espiritismo em Piracicaba e Região - Edições USE - Intermunicipal Piracicaba, 2000.

Chico Xavier e Isabel, a Rainha Santa de Portugal – Editora Madras Espírita, 2001

O Esoterismo na Ritualística Maçônica – Editora Madras, 2001.

A Maçonaria e as Tradições Herméticas - Editora "A Trolha", 2002.

Cem Anos de Comunicação Espírita em São Paulo – Editora Madras Espírita, 2002

Batuíra, o Diabo e a Igreja – Editoras USE/Madras Espírita 2003.

Tudo Virá a seu Tempo (Elcio Abraça os Hansenianos) – Editoras USE/Madras Espírita, 2003.

Léon Denis e a Maçonaria – Editoras USE/Madras Espírita, 2003.

Chico Xavier Inédito – Editoras USE/Madras Espírita, 2004.

História da Radiodifusão Espírita – Editoras USE/Madras Espírita, 2004.

Dossiê Léon Denis - Editora Madras Espírita, 2004.

Túnel do Tempo - As primeiras obras espíritas publicadas no Brasil - Editora Madras Espírita, 2005.

Memórias de Bezerra de Menezes - Editora Madras Espírita, 2005.

Histórias que a História Conta - Subsídios para a preservação da memória do Espiritismo - Editora Madras Espírita, 2005. (no prelo)

Anuário Histórico Espírita (3 Volumes - 2003, 2004, 2006) - Editora Madras Espírita/EME.

Cem Anos de Evangelho com Eurípedes Barsanulfo - Edição do Centro de Cultura, Documentação e Pesquisa do Espiritismo, 2005.

Marechal Ewerton Quadros - Primeiro Presidente da FEB - Edição EME/Centro de Cultura, Documentação e Pesquisa do Espiritismo, 2006.